PASSWORD TRACKER
WITH ALPHABETICAL TABS

PASSWORD TRACKER 

🌐 **Website -** ✏️ **Notes -**

👤 **Username -**

🔑 **Password -**

🌐 **Website -** ✏️ **Notes -**

👤 **Username -**

🔑 **Password -**

🌐 **Website -** ✏️ **Notes -**

👤 **Username -**

🔑 **Password -**

🌐 **Website -** ✏️ **Notes -**

👤 **Username -**

🔑 **Password -**

🌐 **Website -** ✏️ **Notes -**

👤 **Username -**

🔑 **Password -**

🌐 **Website -** ✏️ **Notes -**

👤 **Username -**

🔑 **Password -**

🌐 **Website -** ✏️ **Notes -**

👤 **Username -**

🔑 **Password -**

🌐 **Website -** ✏️ **Notes -**

👤 **Username -**

🔑 **Password -**

PASSWORD TRACKER 

🌐 **Website -**

👤 **Username -**

🔑 **Password -**

✏️ **Notes -**

🌐 **Website -**

👤 **Username -**

🔑 **Password -**

✏️ **Notes -**

🌐 **Website -**

👤 **Username -**

🔑 **Password -**

✏️ **Notes -**

🌐 **Website -**

👤 **Username -**

🔑 **Password -**

✏️ **Notes -**

🌐 **Website -**

👤 **Username -**

🔑 **Password -**

✏️ **Notes -**

🌐 **Website -**

👤 **Username -**

🔑 **Password -**

✏️ **Notes -**

🌐 **Website -**

👤 **Username -**

🔑 **Password -**

✏️ **Notes -**

🌐 **Website -**

👤 **Username -**

🔑 **Password -**

✏️ **Notes -**

PASSWORD TRACKER 

🌐 **Website -**

👤 **Username -**

🔑 **Password -**

✏️ **Notes -**

🌐 **Website -**

👤 **Username -**

🔑 **Password -**

✏️ **Notes -**

🌐 **Website -**

👤 **Username -**

🔑 **Password -**

✏️ **Notes -**

🌐 **Website -**

👤 **Username -**

🔑 **Password -**

✏️ **Notes -**

🌐 **Website -**

👤 **Username -**

🔑 **Password -**

✏️ **Notes -**

🌐 **Website -**

👤 **Username -**

🔑 **Password -**

✏️ **Notes -**

🌐 **Website -**

👤 **Username -**

🔑 **Password -**

✏️ **Notes -**

🌐 **Website -**

👤 **Username -**

🔑 **Password -**

✏️ **Notes -**

PASSWORD TRACKER 

🌐 **Website -**   ✏️ **Notes -**

👤 **Username -**

🔑 **Password -**

🌐 **Website -**   ✏️ **Notes -**

👤 **Username -**

🔑 **Password -**

🌐 **Website -**   ✏️ **Notes -**

👤 **Username -**

🔑 **Password -**

🌐 **Website -**   ✏️ **Notes -**

👤 **Username -**

🔑 **Password -**

🌐 **Website -**   ✏️ **Notes -**

👤 **Username -**

🔑 **Password -**

🌐 **Website -**   ✏️ **Notes -**

👤 **Username -**

🔑 **Password -**

🌐 **Website -**   ✏️ **Notes -**

👤 **Username -**

🔑 **Password -**

🌐 **Website -**   ✏️ **Notes -**

👤 **Username -**

🔑 **Password -**

PASSWORD TRACKER 

🌐 **Website -**

👤 **Username -**

🔑 **Password -**

✏️ **Notes -**

🌐 **Website -**

👤 **Username -**

🔑 **Password -**

✏️ **Notes -**

🌐 **Website -**

👤 **Username -**

🔑 **Password -**

✏️ **Notes -**

🌐 **Website -**

👤 **Username -**

🔑 **Password -**

✏️ **Notes -**

🌐 **Website -**

👤 **Username -**

🔑 **Password -**

✏️ **Notes -**

🌐 **Website -**

👤 **Username -**

🔑 **Password -**

✏️ **Notes -**

🌐 **Website -**

👤 **Username -**

🔑 **Password -**

✏️ **Notes -**

🌐 **Website -**

👤 **Username -**

🔑 **Password -**

✏️ **Notes -**

PASSWORD TRACKER 

⊕ **Website -** ✎ **Notes -**
👤 **Username -**
🔑 **Password -**

⊕ **Website -** ✎ **Notes -**
👤 **Username -**
🔑 **Password -**

⊕ **Website -** ✎ **Notes -**
👤 **Username -**
🔑 **Password -**

⊕ **Website -** ✎ **Notes -**
👤 **Username -**
🔑 **Password -**

⊕ **Website -** ✎ **Notes -**
👤 **Username -**
🔑 **Password -**

⊕ **Website -** ✎ **Notes -**
👤 **Username -**
🔑 **Password -**

⊕ **Website -** ✎ **Notes -**
👤 **Username -**
🔑 **Password -**

⊕ **Website -** ✎ **Notes -**
👤 **Username -**
🔑 **Password -**

PASSWORD TRACKER 

🌐 **Website -**   ✏️ **Notes -**

👤 **Username -**

🔑 **Password -**

🌐 **Website -**   ✏️ **Notes -**

👤 **Username -**

🔑 **Password -**

🌐 **Website -**   ✏️ **Notes -**

👤 **Username -**

🔑 **Password -**

🌐 **Website -**   ✏️ **Notes -**

👤 **Username -**

🔑 **Password -**

🌐 **Website -**   ✏️ **Notes -**

👤 **Username -**

🔑 **Password -**

🌐 **Website -**   ✏️ **Notes -**

👤 **Username -**

🔑 **Password -**

🌐 **Website -**   ✏️ **Notes -**

👤 **Username -**

🔑 **Password -**

🌐 **Website -**   ✏️ **Notes -**

👤 **Username -**

🔑 **Password -**

PASSWORD TRACKER 

⊕ **Website -**   ✎ **Notes -**
👤 **Username -**
🔑 **Password -**

⊕ **Website -**   ✎ **Notes -**
👤 **Username -**
🔑 **Password -**

⊕ **Website -**   ✎ **Notes -**
👤 **Username -**
🔑 **Password -**

⊕ **Website -**   ✎ **Notes -**
👤 **Username -**
🔑 **Password -**

⊕ **Website -**   ✎ **Notes -**
👤 **Username -**
🔑 **Password -**

⊕ **Website -**   ✎ **Notes -**
👤 **Username -**
🔑 **Password -**

⊕ **Website -**   ✎ **Notes -**
👤 **Username -**
🔑 **Password -**

⊕ **Website -**   ✎ **Notes -**
👤 **Username -**
🔑 **Password -**

PASSWORD TRACKER 

🌐 **Website -**   ✏️ **Notes -**

👤 **Username -**

🔑 **Password -**

🌐 **Website -**   ✏️ **Notes -**

👤 **Username -**

🔑 **Password -**

🌐 **Website -**   ✏️ **Notes -**

👤 **Username -**

🔑 **Password -**

🌐 **Website -**   ✏️ **Notes -**

👤 **Username -**

🔑 **Password -**

🌐 **Website -**   ✏️ **Notes -**

👤 **Username -**

🔑 **Password -**

🌐 **Website -**   ✏️ **Notes -**

👤 **Username -**

🔑 **Password -**

🌐 **Website -**   ✏️ **Notes -**

👤 **Username -**

🔑 **Password -**

🌐 **Website -**   ✏️ **Notes -**

👤 **Username -**

🔑 **Password -**

PASSWORD TRACKER 

🌐 **Website -**   ✏️ **Notes -**
👤 **Username -**
🔑 **Password -**

🌐 **Website -**   ✏️ **Notes -**
👤 **Username -**
🔑 **Password -**

🌐 **Website -**   ✏️ **Notes -**
👤 **Username -**
🔑 **Password -**

🌐 **Website -**   ✏️ **Notes -**
👤 **Username -**
🔑 **Password -**

🌐 **Website -**   ✏️ **Notes -**
👤 **Username -**
🔑 **Password -**

🌐 **Website -**   ✏️ **Notes -**
👤 **Username -**
🔑 **Password -**

🌐 **Website -**   ✏️ **Notes -**
👤 **Username -**
🔑 **Password -**

🌐 **Website -**   ✏️ **Notes -**
👤 **Username -**
🔑 **Password -**

PASSWORD TRACKER

🌐 Website -   ✏️ Notes -
👤 Username -
🔑 Password -

🌐 Website -   ✏️ Notes -
👤 Username -
🔑 Password -

🌐 Website -   ✏️ Notes -
👤 Username -
🔑 Password -

🌐 Website -   ✏️ Notes -
👤 Username -
🔑 Password -

🌐 Website -   ✏️ Notes -
👤 Username -
🔑 Password -

🌐 Website -   ✏️ Notes -
👤 Username -
🔑 Password -

🌐 Website -   ✏️ Notes -
👤 Username -
🔑 Password -

🌐 Website -   ✏️ Notes -
👤 Username -
🔑 Password -

PASSWORD TRACKER

🌐 **Website -**　　　　　　　　　　✏️ **Notes -**

👤 **Username -**

🔑 **Password -**

🌐 **Website -**　　　　　　　　　　✏️ **Notes -**

👤 **Username -**

🔑 **Password -**

🌐 **Website -**　　　　　　　　　　✏️ **Notes -**

👤 **Username -**

🔑 **Password -**

🌐 **Website -**　　　　　　　　　　✏️ **Notes -**

👤 **Username -**

🔑 **Password -**

🌐 **Website -**　　　　　　　　　　✏️ **Notes -**

👤 **Username -**

🔑 **Password -**

🌐 **Website -**　　　　　　　　　　✏️ **Notes -**

👤 **Username -**

🔑 **Password -**

🌐 **Website -**　　　　　　　　　　✏️ **Notes -**

👤 **Username -**

🔑 **Password -**

🌐 **Website -**　　　　　　　　　　✏️ **Notes -**

👤 **Username -**

🔑 **Password -**

PASSWORD TRACKER

🌐 **Website -**   ✏️ **Notes -**
👤 **Username -**
🔑 **Password -**

🌐 **Website -**   ✏️ **Notes -**
👤 **Username -**
🔑 **Password -**

🌐 **Website -**   ✏️ **Notes -**
👤 **Username -**
🔑 **Password -**

🌐 **Website -**   ✏️ **Notes -**
👤 **Username -**
🔑 **Password -**

🌐 **Website -**   ✏️ **Notes -**
👤 **Username -**
🔑 **Password -**

🌐 **Website -**   ✏️ **Notes -**
👤 **Username -**
🔑 **Password -**

🌐 **Website -**   ✏️ **Notes -**
👤 **Username -**
🔑 **Password -**

🌐 **Website -**   ✏️ **Notes -**
👤 **Username -**
🔑 **Password -**

PASSWORD TRACKER

⊕ **Website -**   ✏ **Notes -**

👤 **Username -**

🔑 **Password -**

⊕ **Website -**   ✏ **Notes -**

👤 **Username -**

🔑 **Password -**

⊕ **Website -**   ✏ **Notes -**

👤 **Username -**

🔑 **Password -**

⊕ **Website -**   ✏ **Notes -**

👤 **Username -**

🔑 **Password -**

⊕ **Website -**   ✏ **Notes -**

👤 **Username -**

🔑 **Password -**

⊕ **Website -**   ✏ **Notes -**

👤 **Username -**

🔑 **Password -**

⊕ **Website -**   ✏ **Notes -**

👤 **Username -**

🔑 **Password -**

⊕ **Website -**   ✏ **Notes -**

👤 **Username -**

🔑 **Password -**

PASSWORD TRACKER

🌐 **Website -** ✏️ **Notes -**

👤 **Username -**

🔑 **Password -**

🌐 **Website -** ✏️ **Notes -**

👤 **Username -**

🔑 **Password -**

🌐 **Website -** ✏️ **Notes -**

👤 **Username -**

🔑 **Password -**

🌐 **Website -** ✏️ **Notes -**

👤 **Username -**

🔑 **Password -**

🌐 **Website -** ✏️ **Notes -**

👤 **Username -**

🔑 **Password -**

🌐 **Website -** ✏️ **Notes -**

👤 **Username -**

🔑 **Password -**

🌐 **Website -** ✏️ **Notes -**

👤 **Username -**

🔑 **Password -**

🌐 **Website -** ✏️ **Notes -**

👤 **Username -**

🔑 **Password -**

PASSWORD TRACKER 

🌐 **Website -** ✏️ **Notes -**
👤 **Username -**
🔑 **Password -**

🌐 **Website -** ✏️ **Notes -**
👤 **Username -**
🔑 **Password -**

🌐 **Website -** ✏️ **Notes -**
👤 **Username -**
🔑 **Password -**

🌐 **Website -** ✏️ **Notes -**
👤 **Username -**
🔑 **Password -**

🌐 **Website -** ✏️ **Notes -**
👤 **Username -**
🔑 **Password -**

🌐 **Website -** ✏️ **Notes -**
👤 **Username -**
🔑 **Password -**

🌐 **Website -** ✏️ **Notes -**
👤 **Username -**
🔑 **Password -**

🌐 **Website -** ✏️ **Notes -**
👤 **Username -**
🔑 **Password -**

PASSWORD TRACKER 

🌐 **Website -**　　　　　　　　　　　✏️ **Notes -**

👤 **Username -**

🔑 **Password -**

🌐 **Website -**　　　　　　　　　　　✏️ **Notes -**

👤 **Username -**

🔑 **Password -**

🌐 **Website -**　　　　　　　　　　　✏️ **Notes -**

👤 **Username -**

🔑 **Password -**

🌐 **Website -**　　　　　　　　　　　✏️ **Notes -**

👤 **Username -**

🔑 **Password -**

🌐 **Website -**　　　　　　　　　　　✏️ **Notes -**

👤 **Username -**

🔑 **Password -**

🌐 **Website -**　　　　　　　　　　　✏️ **Notes -**

👤 **Username -**

🔑 **Password -**

🌐 **Website -**　　　　　　　　　　　✏️ **Notes -**

👤 **Username -**

🔑 **Password -**

🌐 **Website -**　　　　　　　　　　　✏️ **Notes -**

👤 **Username -**

🔑 **Password -**

PASSWORD TRACKER 

🌐 **Website -**　　　　　　　　✏️ **Notes -**

👤 **Username -**

🔑 **Password -**

🌐 **Website -**　　　　　　　　✏️ **Notes -**

👤 **Username -**

🔑 **Password -**

🌐 **Website -**　　　　　　　　✏️ **Notes -**

👤 **Username -**

🔑 **Password -**

🌐 **Website -**　　　　　　　　✏️ **Notes -**

👤 **Username -**

🔑 **Password -**

🌐 **Website -**　　　　　　　　✏️ **Notes -**

👤 **Username -**

🔑 **Password -**

🌐 **Website -**　　　　　　　　✏️ **Notes -**

👤 **Username -**

🔑 **Password -**

🌐 **Website -**　　　　　　　　✏️ **Notes -**

👤 **Username -**

🔑 **Password -**

🌐 **Website -**　　　　　　　　✏️ **Notes -**

👤 **Username -**

🔑 **Password -**

PASSWORD TRACKER 

🌐 **Website -**   ✏️ **Notes -**

👤 **Username -**

🔑 **Password -**

🌐 **Website -**   ✏️ **Notes -**

👤 **Username -**

🔑 **Password -**

🌐 **Website -**   ✏️ **Notes -**

👤 **Username -**

🔑 **Password -**

🌐 **Website -**   ✏️ **Notes -**

👤 **Username -**

🔑 **Password -**

🌐 **Website -**   ✏️ **Notes -**

👤 **Username -**

🔑 **Password -**

🌐 **Website -**   ✏️ **Notes -**

👤 **Username -**

🔑 **Password -**

🌐 **Website -**   ✏️ **Notes -**

👤 **Username -**

🔑 **Password -**

🌐 **Website -**   ✏️ **Notes -**

👤 **Username -**

🔑 **Password -**

PASSWORD TRACKER 

🌐 **Website -**

👤 **Username -**

🔑 **Password -**

🖊 **Notes -**

🌐 **Website -**

👤 **Username -**

🔑 **Password -**

🖊 **Notes -**

🌐 **Website -**

👤 **Username -**

🔑 **Password -**

🖊 **Notes -**

🌐 **Website -**

👤 **Username -**

🔑 **Password -**

🖊 **Notes -**

🌐 **Website -**

👤 **Username -**

🔑 **Password -**

🖊 **Notes -**

🌐 **Website -**

👤 **Username -**

🔑 **Password -**

🖊 **Notes -**

🌐 **Website -**

👤 **Username -**

🔑 **Password -**

🖊 **Notes -**

🌐 **Website -**

👤 **Username -**

🔑 **Password -**

🖊 **Notes -**

PASSWORD TRACKER

🌐 **Website -**   ✏️ **Notes -**

👤 **Username -**

🔑 **Password -**

🌐 **Website -**   ✏️ **Notes -**

👤 **Username -**

🔑 **Password -**

🌐 **Website -**   ✏️ **Notes -**

👤 **Username -**

🔑 **Password -**

🌐 **Website -**   ✏️ **Notes -**

👤 **Username -**

🔑 **Password -**

🌐 **Website -**   ✏️ **Notes -**

👤 **Username -**

🔑 **Password -**

🌐 **Website -**   ✏️ **Notes -**

👤 **Username -**

🔑 **Password -**

🌐 **Website -**   ✏️ **Notes -**

👤 **Username -**

🔑 **Password -**

🌐 **Website -**   ✏️ **Notes -**

👤 **Username -**

🔑 **Password -**

PASSWORD TRACKER 

🌐 **Website -**	✏️ **Notes -**
👤 **Username -**	
🔑 **Password -**	

🌐 **Website -**	✏️ **Notes -**
👤 **Username -**	
🔑 **Password -**	

🌐 **Website -**	✏️ **Notes -**
👤 **Username -**	
🔑 **Password -**	

🌐 **Website -**	✏️ **Notes -**
👤 **Username -**	
🔑 **Password -**	

🌐 **Website -**	✏️ **Notes -**
👤 **Username -**	
🔑 **Password -**	

🌐 **Website -**	✏️ **Notes -**
👤 **Username -**	
🔑 **Password -**	

🌐 **Website -**	✏️ **Notes -**
👤 **Username -**	
🔑 **Password -**	

🌐 **Website -**	✏️ **Notes -**
👤 **Username -**	
🔑 **Password -**	

PASSWORD TRACKER 

🌐 **Website -** ✏️ **Notes -**
👤 **Username -**
🔑 **Password -**

🌐 **Website -** ✏️ **Notes -**
👤 **Username -**
🔑 **Password -**

🌐 **Website -** ✏️ **Notes -**
👤 **Username -**
🔑 **Password -**

🌐 **Website -** ✏️ **Notes -**
👤 **Username -**
🔑 **Password -**

🌐 **Website -** ✏️ **Notes -**
👤 **Username -**
🔑 **Password -**

🌐 **Website -** ✏️ **Notes -**
👤 **Username -**
🔑 **Password -**

🌐 **Website -** ✏️ **Notes -**
👤 **Username -**
🔑 **Password -**

🌐 **Website -** ✏️ **Notes -**
👤 **Username -**
🔑 **Password -**

PASSWORD TRACKER

🌐 **Website -**	✏️ **Notes -**
👤 **Username -**	
🔑 **Password -**	

🌐 **Website -**	✏️ **Notes -**
👤 **Username -**	
🔑 **Password -**	

🌐 **Website -**	✏️ **Notes -**
👤 **Username -**	
🔑 **Password -**	

🌐 **Website -**	✏️ **Notes -**
👤 **Username -**	
🔑 **Password -**	

🌐 **Website -**	✏️ **Notes -**
👤 **Username -**	
🔑 **Password -**	

🌐 **Website -**	✏️ **Notes -**
👤 **Username -**	
🔑 **Password -**	

🌐 **Website -**	✏️ **Notes -**
👤 **Username -**	
🔑 **Password -**	

🌐 **Website -**	✏️ **Notes -**
👤 **Username -**	
🔑 **Password -**	

PASSWORD TRACKER 

🌐 **Website -**	✏️ **Notes -**
👤 **Username -**	
🔑 **Password -**	

🌐 **Website -**	✏️ **Notes -**
👤 **Username -**	
🔑 **Password -**	

🌐 **Website -**	✏️ **Notes -**
👤 **Username -**	
🔑 **Password -**	

🌐 **Website -**	✏️ **Notes -**
👤 **Username -**	
🔑 **Password -**	

🌐 **Website -**	✏️ **Notes -**
👤 **Username -**	
🔑 **Password -**	

🌐 **Website -**	✏️ **Notes -**
👤 **Username -**	
🔑 **Password -**	

🌐 **Website -**	✏️ **Notes -**
👤 **Username -**	
🔑 **Password -**	

🌐 **Website -**	✏️ **Notes -**
👤 **Username -**	
🔑 **Password -**	

PASSWORD TRACKER 

<table>
<tr><td>🌐 Website -</td><td rowspan="3">✏️ Notes -</td></tr>
<tr><td>👤 Username -</td></tr>
<tr><td>🔑 Password -</td></tr>
</table>

<table>
<tr><td>🌐 Website -</td><td rowspan="3">✏️ Notes -</td></tr>
<tr><td>👤 Username -</td></tr>
<tr><td>🔑 Password -</td></tr>
</table>

<table>
<tr><td>🌐 Website -</td><td rowspan="3">✏️ Notes -</td></tr>
<tr><td>👤 Username -</td></tr>
<tr><td>🔑 Password -</td></tr>
</table>

<table>
<tr><td>🌐 Website -</td><td rowspan="3">✏️ Notes -</td></tr>
<tr><td>👤 Username -</td></tr>
<tr><td>🔑 Password -</td></tr>
</table>

<table>
<tr><td>🌐 Website -</td><td rowspan="3">✏️ Notes -</td></tr>
<tr><td>👤 Username -</td></tr>
<tr><td>🔑 Password -</td></tr>
</table>

<table>
<tr><td>🌐 Website -</td><td rowspan="3">✏️ Notes -</td></tr>
<tr><td>👤 Username -</td></tr>
<tr><td>🔑 Password -</td></tr>
</table>

<table>
<tr><td>🌐 Website -</td><td rowspan="3">✏️ Notes -</td></tr>
<tr><td>👤 Username -</td></tr>
<tr><td>🔑 Password -</td></tr>
</table>

<table>
<tr><td>🌐 Website -</td><td rowspan="3">✏️ Notes -</td></tr>
<tr><td>👤 Username -</td></tr>
<tr><td>🔑 Password -</td></tr>
</table>

PASSWORD TRACKER

⊕ **Website -**

👤 **Username -**

🔑 **Password -**

✏ **Notes -**

⊕ **Website -**

👤 **Username -**

🔑 **Password -**

✏ **Notes -**

⊕ **Website -**

👤 **Username -**

🔑 **Password -**

✏ **Notes -**

⊕ **Website -**

👤 **Username -**

🔑 **Password -**

✏ **Notes -**

⊕ **Website -**

👤 **Username -**

🔑 **Password -**

✏ **Notes -**

⊕ **Website -**

👤 **Username -**

🔑 **Password -**

✏ **Notes -**

⊕ **Website -**

👤 **Username -**

🔑 **Password -**

✏ **Notes -**

⊕ **Website -**

👤 **Username -**

🔑 **Password -**

✏ **Notes -**

PASSWORD TRACKER 

🌐 **Website -**   🖊 **Notes -**
👤 **Username -**
🔑 **Password -**

🌐 **Website -**   🖊 **Notes -**
👤 **Username -**
🔑 **Password -**

🌐 **Website -**   🖊 **Notes -**
👤 **Username -**
🔑 **Password -**

🌐 **Website -**   🖊 **Notes -**
👤 **Username -**
🔑 **Password -**

🌐 **Website -**   🖊 **Notes -**
👤 **Username -**
🔑 **Password -**

🌐 **Website -**   🖊 **Notes -**
👤 **Username -**
🔑 **Password -**

🌐 **Website -**   🖊 **Notes -**
👤 **Username -**
🔑 **Password -**

🌐 **Website -**   🖊 **Notes -**
👤 **Username -**
🔑 **Password -**

PASSWORD TRACKER

🌐 **Website -**	✏️ **Notes -**
👤 **Username -**	
🔑 **Password -**	

🌐 **Website -**	✏️ **Notes -**
👤 **Username -**	
🔑 **Password -**	

🌐 **Website -**	✏️ **Notes -**
👤 **Username -**	
🔑 **Password -**	

🌐 **Website -**	✏️ **Notes -**
👤 **Username -**	
🔑 **Password -**	

🌐 **Website -**	✏️ **Notes -**
👤 **Username -**	
🔑 **Password -**	

🌐 **Website -**	✏️ **Notes -**
👤 **Username -**	
🔑 **Password -**	

🌐 **Website -**	✏️ **Notes -**
👤 **Username -**	
🔑 **Password -**	

🌐 **Website -**	✏️ **Notes -**
👤 **Username -**	
🔑 **Password -**	

PASSWORD TRACKER 

🌐 **Website -**   🖊 **Notes -**

👤 **Username -**

🔑 **Password -**

🌐 **Website -**   🖊 **Notes -**

👤 **Username -**

🔑 **Password -**

🌐 **Website -**   🖊 **Notes -**

👤 **Username -**

🔑 **Password -**

🌐 **Website -**   🖊 **Notes -**

👤 **Username -**

🔑 **Password -**

🌐 **Website -**   🖊 **Notes -**

👤 **Username -**

🔑 **Password -**

🌐 **Website -**   🖊 **Notes -**

👤 **Username -**

🔑 **Password -**

🌐 **Website -**   🖊 **Notes -**

👤 **Username -**

🔑 **Password -**

🌐 **Website -**   🖊 **Notes -**

👤 **Username -**

🔑 **Password -**

PASSWORD TRACKER

🌐 **Website -**	✏️ **Notes -**
👤 **Username -**	
🔑 **Password -**	

🌐 **Website -**	✏️ **Notes -**
👤 **Username -**	
🔑 **Password -**	

🌐 **Website -**	✏️ **Notes -**
👤 **Username -**	
🔑 **Password -**	

🌐 **Website -**	✏️ **Notes -**
👤 **Username -**	
🔑 **Password -**	

🌐 **Website -**	✏️ **Notes -**
👤 **Username -**	
🔑 **Password -**	

🌐 **Website -**	✏️ **Notes -**
👤 **Username -**	
🔑 **Password -**	

🌐 **Website -**	✏️ **Notes -**
👤 **Username -**	
🔑 **Password -**	

🌐 **Website -**	✏️ **Notes -**
👤 **Username -**	
🔑 **Password -**	

PASSWORD TRACKER 

🌐 **Website -** ✏️ **Notes -**
👤 **Username -**
🔑 **Password -**

🌐 **Website -** ✏️ **Notes -**
👤 **Username -**
🔑 **Password -**

🌐 **Website -** ✏️ **Notes -**
👤 **Username -**
🔑 **Password -**

🌐 **Website -** ✏️ **Notes -**
👤 **Username -**
🔑 **Password -**

🌐 **Website -** ✏️ **Notes -**
👤 **Username -**
🔑 **Password -**

🌐 **Website -** ✏️ **Notes -**
👤 **Username -**
🔑 **Password -**

🌐 **Website -** ✏️ **Notes -**
👤 **Username -**
🔑 **Password -**

🌐 **Website -** ✏️ **Notes -**
👤 **Username -**
🔑 **Password -**

PASSWORD TRACKER

🌐 **Website -**   ✏️ **Notes -**

👤 **Username -**

🔑 **Password -**

🌐 **Website -**   ✏️ **Notes -**

👤 **Username -**

🔑 **Password -**

🌐 **Website -**   ✏️ **Notes -**

👤 **Username -**

🔑 **Password -**

🌐 **Website -**   ✏️ **Notes -**

👤 **Username -**

🔑 **Password -**

🌐 **Website -**   ✏️ **Notes -**

👤 **Username -**

🔑 **Password -**

🌐 **Website -**   ✏️ **Notes -**

👤 **Username -**

🔑 **Password -**

🌐 **Website -**   ✏️ **Notes -**

👤 **Username -**

🔑 **Password -**

🌐 **Website -**   ✏️ **Notes -**

👤 **Username -**

🔑 **Password -**

PASSWORD TRACKER

🌐 **Website -**   ✏️ **Notes -**

👤 **Username -**

🔑 **Password -**

🌐 **Website -**   ✏️ **Notes -**

👤 **Username -**

🔑 **Password -**

🌐 **Website -**   ✏️ **Notes -**

👤 **Username -**

🔑 **Password -**

🌐 **Website -**   ✏️ **Notes -**

👤 **Username -**

🔑 **Password -**

🌐 **Website -**   ✏️ **Notes -**

👤 **Username -**

🔑 **Password -**

🌐 **Website -**   ✏️ **Notes -**

👤 **Username -**

🔑 **Password -**

🌐 **Website -**   ✏️ **Notes -**

👤 **Username -**

🔑 **Password -**

🌐 **Website -**   ✏️ **Notes -**

👤 **Username -**

🔑 **Password -**

PASSWORD TRACKER

🌐 **Website -**	✏️ **Notes -**
👤 **Username -**	
🔑 **Password -**	

🌐 **Website -**	✏️ **Notes -**
👤 **Username -**	
🔑 **Password -**	

🌐 **Website -**	✏️ **Notes -**
👤 **Username -**	
🔑 **Password -**	

🌐 **Website -**	✏️ **Notes -**
👤 **Username -**	
🔑 **Password -**	

🌐 **Website -**	✏️ **Notes -**
👤 **Username -**	
🔑 **Password -**	

🌐 **Website -**	✏️ **Notes -**
👤 **Username -**	
🔑 **Password -**	

🌐 **Website -**	✏️ **Notes -**
👤 **Username -**	
🔑 **Password -**	

🌐 **Website -**	✏️ **Notes -**
👤 **Username -**	
🔑 **Password -**	

PASSWORD TRACKER 

🌐 **Website -**   ✏️ **Notes -**

👤 **Username -**

🔑 **Password -**

🌐 **Website -**   ✏️ **Notes -**

👤 **Username -**

🔑 **Password -**

🌐 **Website -**   ✏️ **Notes -**

👤 **Username -**

🔑 **Password -**

🌐 **Website -**   ✏️ **Notes -**

👤 **Username -**

🔑 **Password -**

🌐 **Website -**   ✏️ **Notes -**

👤 **Username -**

🔑 **Password -**

🌐 **Website -**   ✏️ **Notes -**

👤 **Username -**

🔑 **Password -**

🌐 **Website -**   ✏️ **Notes -**

👤 **Username -**

🔑 **Password -**

🌐 **Website -**   ✏️ **Notes -**

👤 **Username -**

🔑 **Password -**

PASSWORD TRACKER

🌐 **Website -**	✏️ **Notes -**
👤 **Username -**	
🔑 **Password -**	

🌐 **Website -**	✏️ **Notes -**
👤 **Username -**	
🔑 **Password -**	

🌐 **Website -**	✏️ **Notes -**
👤 **Username -**	
🔑 **Password -**	

🌐 **Website -**	✏️ **Notes -**
👤 **Username -**	
🔑 **Password -**	

🌐 **Website -**	✏️ **Notes -**
👤 **Username -**	
🔑 **Password -**	

🌐 **Website -**	✏️ **Notes -**
👤 **Username -**	
🔑 **Password -**	

🌐 **Website -**	✏️ **Notes -**
👤 **Username -**	
🔑 **Password -**	

🌐 **Website -**	✏️ **Notes -**
👤 **Username -**	
🔑 **Password -**	

PASSWORD TRACKER 

<table>
<tr><td>🌐 **Website -**
👤 **Username -**
🔑 **Password -**</td><td>✏️ **Notes -**</td></tr>
</table>

<table>
<tr><td>🌐 **Website -**
👤 **Username -**
🔑 **Password -**</td><td>✏️ **Notes -**</td></tr>
</table>

<table>
<tr><td>🌐 **Website -**
👤 **Username -**
🔑 **Password -**</td><td>✏️ **Notes -**</td></tr>
</table>

<table>
<tr><td>🌐 **Website -**
👤 **Username -**
🔑 **Password -**</td><td>✏️ **Notes -**</td></tr>
</table>

<table>
<tr><td>🌐 **Website -**
👤 **Username -**
🔑 **Password -**</td><td>✏️ **Notes -**</td></tr>
</table>

<table>
<tr><td>🌐 **Website -**
👤 **Username -**
🔑 **Password -**</td><td>✏️ **Notes -**</td></tr>
</table>

<table>
<tr><td>🌐 **Website -**
👤 **Username -**
🔑 **Password -**</td><td>✏️ **Notes -**</td></tr>
</table>

<table>
<tr><td>🌐 **Website -**
👤 **Username -**
🔑 **Password -**</td><td>✏️ **Notes -**</td></tr>
</table>

PASSWORD TRACKER

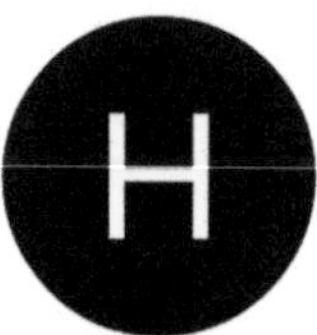

<table>
<tr><td>🌐 Website -</td><td>✏️ Notes -</td></tr>
<tr><td>👤 Username -</td><td></td></tr>
<tr><td>🔑 Password -</td><td></td></tr>
</table>

<table>
<tr><td>🌐 Website -</td><td>✏️ Notes -</td></tr>
<tr><td>👤 Username -</td><td></td></tr>
<tr><td>🔑 Password -</td><td></td></tr>
</table>

<table>
<tr><td>🌐 Website -</td><td>✏️ Notes -</td></tr>
<tr><td>👤 Username -</td><td></td></tr>
<tr><td>🔑 Password -</td><td></td></tr>
</table>

<table>
<tr><td>🌐 Website -</td><td>✏️ Notes -</td></tr>
<tr><td>👤 Username -</td><td></td></tr>
<tr><td>🔑 Password -</td><td></td></tr>
</table>

<table>
<tr><td>🌐 Website -</td><td>✏️ Notes -</td></tr>
<tr><td>👤 Username -</td><td></td></tr>
<tr><td>🔑 Password -</td><td></td></tr>
</table>

<table>
<tr><td>🌐 Website -</td><td>✏️ Notes -</td></tr>
<tr><td>👤 Username -</td><td></td></tr>
<tr><td>🔑 Password -</td><td></td></tr>
</table>

<table>
<tr><td>🌐 Website -</td><td>✏️ Notes -</td></tr>
<tr><td>👤 Username -</td><td></td></tr>
<tr><td>🔑 Password -</td><td></td></tr>
</table>

<table>
<tr><td>🌐 Website -</td><td>✏️ Notes -</td></tr>
<tr><td>👤 Username -</td><td></td></tr>
<tr><td>🔑 Password -</td><td></td></tr>
</table>

PASSWORD TRACKER 

🌐 **Website -** ✏️ **Notes -**

👤 **Username -**

🔑 **Password -**

🌐 **Website -** ✏️ **Notes -**

👤 **Username -**

🔑 **Password -**

🌐 **Website -** ✏️ **Notes -**

👤 **Username -**

🔑 **Password -**

🌐 **Website -** ✏️ **Notes -**

👤 **Username -**

🔑 **Password -**

🌐 **Website -** ✏️ **Notes -**

👤 **Username -**

🔑 **Password -**

🌐 **Website -** ✏️ **Notes -**

👤 **Username -**

🔑 **Password -**

🌐 **Website -** ✏️ **Notes -**

👤 **Username -**

🔑 **Password -**

🌐 **Website -** ✏️ **Notes -**

👤 **Username -**

🔑 **Password -**

PASSWORD TRACKER

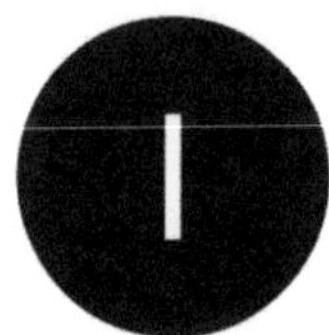

🌐 **Website** -	✏️ **Notes** -
👤 **Username** -	
🔑 **Password** -	

🌐 **Website** -	✏️ **Notes** -
👤 **Username** -	
🔑 **Password** -	

🌐 **Website** -	✏️ **Notes** -
👤 **Username** -	
🔑 **Password** -	

🌐 **Website** -	✏️ **Notes** -
👤 **Username** -	
🔑 **Password** -	

🌐 **Website** -	✏️ **Notes** -
👤 **Username** -	
🔑 **Password** -	

🌐 **Website** -	✏️ **Notes** -
👤 **Username** -	
🔑 **Password** -	

🌐 **Website** -	✏️ **Notes** -
👤 **Username** -	
🔑 **Password** -	

🌐 **Website** -	✏️ **Notes** -
👤 **Username** -	
🔑 **Password** -	

PASSWORD TRACKER 

🌐 **Website -**

👤 **Username -**

🔑 **Password -**

✏️ **Notes -**

🌐 **Website -**

👤 **Username -**

🔑 **Password -**

✏️ **Notes -**

🌐 **Website -**

👤 **Username -**

🔑 **Password -**

✏️ **Notes -**

🌐 **Website -**

👤 **Username -**

🔑 **Password -**

✏️ **Notes -**

🌐 **Website -**

👤 **Username -**

🔑 **Password -**

✏️ **Notes -**

🌐 **Website -**

👤 **Username -**

🔑 **Password -**

✏️ **Notes -**

🌐 **Website -**

👤 **Username -**

🔑 **Password -**

✏️ **Notes -**

🌐 **Website -**

👤 **Username -**

🔑 **Password -**

✏️ **Notes -**

PASSWORD TRACKER

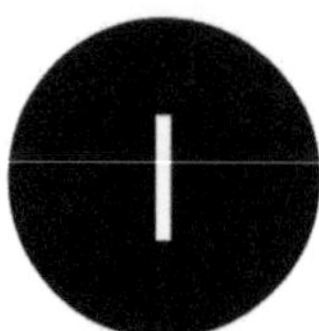

🌐 **Website -**　　　　　　　　　✏️ **Notes -**

👤 **Username -**

🔑 **Password -**

🌐 **Website -**　　　　　　　　　✏️ **Notes -**

👤 **Username -**

🔑 **Password -**

🌐 **Website -**　　　　　　　　　✏️ **Notes -**

👤 **Username -**

🔑 **Password -**

🌐 **Website -**　　　　　　　　　✏️ **Notes -**

👤 **Username -**

🔑 **Password -**

🌐 **Website -**　　　　　　　　　✏️ **Notes -**

👤 **Username -**

🔑 **Password -**

🌐 **Website -**　　　　　　　　　✏️ **Notes -**

👤 **Username -**

🔑 **Password -**

🌐 **Website -**　　　　　　　　　✏️ **Notes -**

👤 **Username -**

🔑 **Password -**

🌐 **Website -**　　　　　　　　　✏️ **Notes -**

👤 **Username -**

🔑 **Password -**

PASSWORD TRACKER 

⊕ **Website -**

👤 **Username -**

🔑 **Password -**

✏️ **Notes -**

⊕ **Website -**

👤 **Username -**

🔑 **Password -**

✏️ **Notes -**

⊕ **Website -**

👤 **Username -**

🔑 **Password -**

✏️ **Notes -**

⊕ **Website -**

👤 **Username -**

🔑 **Password -**

✏️ **Notes -**

⊕ **Website -**

👤 **Username -**

🔑 **Password -**

✏️ **Notes -**

⊕ **Website -**

👤 **Username -**

🔑 **Password -**

✏️ **Notes -**

⊕ **Website -**

👤 **Username -**

🔑 **Password -**

✏️ **Notes -**

⊕ **Website -**

👤 **Username -**

🔑 **Password -**

✏️ **Notes -**

PASSWORD TRACKER

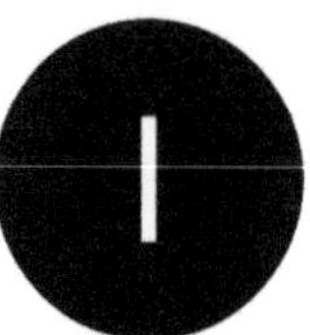

⊕ **Website -**　　　　　　　　　✎ **Notes -**

👤 **Username -**

🔑 **Password -**

⊕ **Website -**　　　　　　　　　✎ **Notes -**

👤 **Username -**

🔑 **Password -**

⊕ **Website -**　　　　　　　　　✎ **Notes -**

👤 **Username -**

🔑 **Password -**

⊕ **Website -**　　　　　　　　　✎ **Notes -**

👤 **Username -**

🔑 **Password -**

⊕ **Website -**　　　　　　　　　✎ **Notes -**

👤 **Username -**

🔑 **Password -**

⊕ **Website -**　　　　　　　　　✎ **Notes -**

👤 **Username -**

🔑 **Password -**

⊕ **Website -**　　　　　　　　　✎ **Notes -**

👤 **Username -**

🔑 **Password -**

⊕ **Website -**　　　　　　　　　✎ **Notes -**

👤 **Username -**

🔑 **Password -**

PASSWORD TRACKER

<table>
<tr><td>

🌐 **Website -**

👤 **Username -**

🔑 **Password -**

</td><td>

✏️ **Notes -**

</td></tr>
</table>

<table>
<tr><td>

🌐 **Website -**

👤 **Username -**

🔑 **Password -**

</td><td>

✏️ **Notes -**

</td></tr>
</table>

<table>
<tr><td>

🌐 **Website -**

👤 **Username -**

🔑 **Password -**

</td><td>

✏️ **Notes -**

</td></tr>
</table>

<table>
<tr><td>

🌐 **Website -**

👤 **Username -**

🔑 **Password -**

</td><td>

✏️ **Notes -**

</td></tr>
</table>

<table>
<tr><td>

🌐 **Website -**

👤 **Username -**

🔑 **Password -**

</td><td>

✏️ **Notes -**

</td></tr>
</table>

<table>
<tr><td>

🌐 **Website -**

👤 **Username -**

🔑 **Password -**

</td><td>

✏️ **Notes -**

</td></tr>
</table>

<table>
<tr><td>

🌐 **Website -**

👤 **Username -**

🔑 **Password -**

</td><td>

✏️ **Notes -**

</td></tr>
</table>

<table>
<tr><td>

🌐 **Website -**

👤 **Username -**

🔑 **Password -**

</td><td>

✏️ **Notes -**

</td></tr>
</table>

PASSWORD TRACKER 

🌐 **Website -**

👤 **Username -**

🔑 **Password -**

✏️ **Notes -**

🌐 **Website -**

👤 **Username -**

🔑 **Password -**

✏️ **Notes -**

🌐 **Website -**

👤 **Username -**

🔑 **Password -**

✏️ **Notes -**

🌐 **Website -**

👤 **Username -**

🔑 **Password -**

✏️ **Notes -**

🌐 **Website -**

👤 **Username -**

🔑 **Password -**

✏️ **Notes -**

🌐 **Website -**

👤 **Username -**

🔑 **Password -**

✏️ **Notes -**

🌐 **Website -**

👤 **Username -**

🔑 **Password -**

✏️ **Notes -**

🌐 **Website -**

👤 **Username -**

🔑 **Password -**

✏️ **Notes -**

PASSWORD TRACKER

⊕ **Website -**

👤 **Username -**

🔑 **Password -**

✏️ **Notes -**

⊕ **Website -**

👤 **Username -**

🔑 **Password -**

✏️ **Notes -**

⊕ **Website -**

👤 **Username -**

🔑 **Password -**

✏️ **Notes -**

⊕ **Website -**

👤 **Username -**

🔑 **Password -**

✏️ **Notes -**

⊕ **Website -**

👤 **Username -**

🔑 **Password -**

✏️ **Notes -**

⊕ **Website -**

👤 **Username -**

🔑 **Password -**

✏️ **Notes -**

⊕ **Website -**

👤 **Username -**

🔑 **Password -**

✏️ **Notes -**

PASSWORD TRACKER 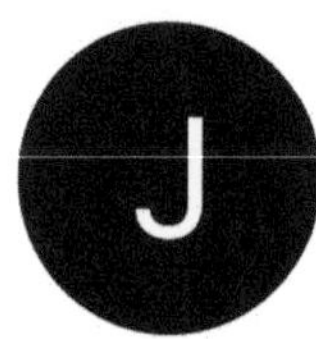

🌐 **Website -**	✏️ **Notes -**
👤 **Username -**	
🔑 **Password -**	

🌐 **Website -**	✏️ **Notes -**
👤 **Username -**	
🔑 **Password -**	

🌐 **Website -**	✏️ **Notes -**
👤 **Username -**	
🔑 **Password -**	

🌐 **Website -**	✏️ **Notes -**
👤 **Username -**	
🔑 **Password -**	

🌐 **Website -**	✏️ **Notes -**
👤 **Username -**	
🔑 **Password -**	

🌐 **Website -**	✏️ **Notes -**
👤 **Username -**	
🔑 **Password -**	

🌐 **Website -**	✏️ **Notes -**
👤 **Username -**	
🔑 **Password -**	

🌐 **Website -**	✏️ **Notes -**
👤 **Username -**	
🔑 **Password -**	

PASSWORD TRACKER

<table>
<tr><td>🌐 Website -</td><td>✏️ Notes -</td></tr>
<tr><td>👤 Username -</td><td></td></tr>
<tr><td>🔑 Password -</td><td></td></tr>
</table>

<table>
<tr><td>🌐 Website -</td><td>✏️ Notes -</td></tr>
<tr><td>👤 Username -</td><td></td></tr>
<tr><td>🔑 Password -</td><td></td></tr>
</table>

<table>
<tr><td>🌐 Website -</td><td>✏️ Notes -</td></tr>
<tr><td>👤 Username -</td><td></td></tr>
<tr><td>🔑 Password -</td><td></td></tr>
</table>

<table>
<tr><td>🌐 Website -</td><td>✏️ Notes -</td></tr>
<tr><td>👤 Username -</td><td></td></tr>
<tr><td>🔑 Password -</td><td></td></tr>
</table>

<table>
<tr><td>🌐 Website -</td><td>✏️ Notes -</td></tr>
<tr><td>👤 Username -</td><td></td></tr>
<tr><td>🔑 Password -</td><td></td></tr>
</table>

<table>
<tr><td>🌐 Website -</td><td>✏️ Notes -</td></tr>
<tr><td>👤 Username -</td><td></td></tr>
<tr><td>🔑 Password -</td><td></td></tr>
</table>

<table>
<tr><td>🌐 Website -</td><td>✏️ Notes -</td></tr>
<tr><td>👤 Username -</td><td></td></tr>
<tr><td>🔑 Password -</td><td></td></tr>
</table>

<table>
<tr><td>🌐 Website -</td><td>✏️ Notes -</td></tr>
<tr><td>👤 Username -</td><td></td></tr>
<tr><td>🔑 Password -</td><td></td></tr>
</table>

PASSWORD TRACKER

⊕ **Website -**　　　　　✏️ **Notes -**
👤 **Username -**
🔑 **Password -**

⊕ **Website -**　　　　　✏️ **Notes -**
👤 **Username -**
🔑 **Password -**

⊕ **Website -**　　　　　✏️ **Notes -**
👤 **Username -**
🔑 **Password -**

⊕ **Website -**　　　　　✏️ **Notes -**
👤 **Username -**
🔑 **Password -**

⊕ **Website -**　　　　　✏️ **Notes -**
👤 **Username -**
🔑 **Password -**

⊕ **Website -**　　　　　✏️ **Notes -**
👤 **Username -**
🔑 **Password -**

⊕ **Website -**　　　　　✏️ **Notes -**
👤 **Username -**
🔑 **Password -**

⊕ **Website -**　　　　　✏️ **Notes -**
👤 **Username -**
🔑 **Password -**

PASSWORD TRACKER 

🌐 **Website -**
👤 **Username -**
🔑 **Password -**

✏️ **Notes -**

🌐 **Website -**
👤 **Username -**
🔑 **Password -**

✏️ **Notes -**

🌐 **Website -**
👤 **Username -**
🔑 **Password -**

✏️ **Notes -**

🌐 **Website -**
👤 **Username -**
🔑 **Password -**

✏️ **Notes -**

🌐 **Website -**
👤 **Username -**
🔑 **Password -**

✏️ **Notes -**

🌐 **Website -**
👤 **Username -**
🔑 **Password -**

✏️ **Notes -**

🌐 **Website -**
👤 **Username -**
🔑 **Password -**

✏️ **Notes -**

🌐 **Website -**
👤 **Username -**
🔑 **Password -**

✏️ **Notes -**

PASSWORD TRACKER

⊕ **Website -**

👤 **Username -**

🔑 **Password -**

✏️ **Notes -**

⊕ **Website -**

👤 **Username -**

🔑 **Password -**

✏️ **Notes -**

⊕ **Website -**

👤 **Username -**

🔑 **Password -**

✏️ **Notes -**

⊕ **Website -**

👤 **Username -**

🔑 **Password -**

✏️ **Notes -**

⊕ **Website -**

👤 **Username -**

🔑 **Password -**

✏️ **Notes -**

⊕ **Website -**

👤 **Username -**

🔑 **Password -**

✏️ **Notes -**

⊕ **Website -**

👤 **Username -**

🔑 **Password -**

✏️ **Notes -**

⊕ **Website -**

👤 **Username -**

🔑 **Password -**

✏️ **Notes -**

PASSWORD TRACKER

🌐 **Website -**	✏️ **Notes -**
👤 **Username -**	
🔑 **Password -**	

🌐 **Website -**	✏️ **Notes -**
👤 **Username -**	
🔑 **Password -**	

🌐 **Website -**	✏️ **Notes -**
👤 **Username -**	
🔑 **Password -**	

🌐 **Website -**	✏️ **Notes -**
👤 **Username -**	
🔑 **Password -**	

🌐 **Website -**	✏️ **Notes -**
👤 **Username -**	
🔑 **Password -**	

🌐 **Website -**	✏️ **Notes -**
👤 **Username -**	
🔑 **Password -**	

🌐 **Website -**	✏️ **Notes -**
👤 **Username -**	
🔑 **Password -**	

🌐 **Website -**	✏️ **Notes -**
👤 **Username -**	
🔑 **Password -**	

PASSWORD TRACKER

🌐 **Website -**

👤 **Username -**

🔑 **Password -**

✏️ **Notes -**

🌐 **Website -**

👤 **Username -**

🔑 **Password -**

✏️ **Notes -**

🌐 **Website -**

👤 **Username -**

🔑 **Password -**

✏️ **Notes -**

🌐 **Website -**

👤 **Username -**

🔑 **Password -**

✏️ **Notes -**

🌐 **Website -**

👤 **Username -**

🔑 **Password -**

✏️ **Notes -**

🌐 **Website -**

👤 **Username -**

🔑 **Password -**

✏️ **Notes -**

🌐 **Website -**

👤 **Username -**

🔑 **Password -**

✏️ **Notes -**

🌐 **Website -**

👤 **Username -**

🔑 **Password -**

✏️ **Notes -**

PASSWORD TRACKER 

🌐 Website - **✏️ Notes -**
👤 Username -
🔑 Password -

🌐 Website - **✏️ Notes -**
👤 Username -
🔑 Password -

🌐 Website - **✏️ Notes -**
👤 Username -
🔑 Password -

🌐 Website - **✏️ Notes -**
👤 Username -
🔑 Password -

🌐 Website - **✏️ Notes -**
👤 Username -
🔑 Password -

🌐 Website - **✏️ Notes -**
👤 Username -
🔑 Password -

🌐 Website - **✏️ Notes -**
👤 Username -
🔑 Password -

🌐 Website - **✏️ Notes -**
👤 Username -
🔑 Password -

PASSWORD TRACKER

🌐 **Website -**	✏️ **Notes -**
👤 **Username -**	
🔑 **Password -**	

🌐 **Website -**	✏️ **Notes -**
👤 **Username -**	
🔑 **Password -**	

🌐 **Website -**	✏️ **Notes -**
👤 **Username -**	
🔑 **Password -**	

🌐 **Website -**	✏️ **Notes -**
👤 **Username -**	
🔑 **Password -**	

🌐 **Website -**	✏️ **Notes -**
👤 **Username -**	
🔑 **Password -**	

🌐 **Website -**	✏️ **Notes -**
👤 **Username -**	
🔑 **Password -**	

🌐 **Website -**	✏️ **Notes -**
👤 **Username -**	
🔑 **Password -**	

🌐 **Website -**	✏️ **Notes -**
👤 **Username -**	
🔑 **Password -**	

PASSWORD TRACKER 

⊕ Website -
👤 Username -
🔑 Password -

✏ Notes -

⊕ Website -
👤 Username -
🔑 Password -

✏ Notes -

⊕ Website -
👤 Username -
🔑 Password -

✏ Notes -

⊕ Website -
👤 Username -
🔑 Password -

✏ Notes -

⊕ Website -
👤 Username -
🔑 Password -

✏ Notes -

⊕ Website -
👤 Username -
🔑 Password -

✏ Notes -

⊕ Website -
👤 Username -
🔑 Password -

✏ Notes -

⊕ Website -
👤 Username -
🔑 Password -

✏ Notes -

PASSWORD TRACKER 

⊕ **Website -**

🖊 **Notes -**

👤 **Username -**

🔑 **Password -**

⊕ **Website -**

🖊 **Notes -**

👤 **Username -**

🔑 **Password -**

⊕ **Website -**

🖊 **Notes -**

👤 **Username -**

🔑 **Password -**

⊕ **Website -**

🖊 **Notes -**

👤 **Username -**

🔑 **Password -**

⊕ **Website -**

🖊 **Notes -**

👤 **Username -**

🔑 **Password -**

⊕ **Website -**

🖊 **Notes -**

👤 **Username -**

🔑 **Password -**

⊕ **Website -**

🖊 **Notes -**

👤 **Username -**

🔑 **Password -**

⊕ **Website -**

🖊 **Notes -**

👤 **Username -**

🔑 **Password -**

PASSWORD TRACKER 

🌐 **Website -**	✏️ **Notes -**
👤 **Username -**	
🔑 **Password -**	

🌐 **Website -**	✏️ **Notes -**
👤 **Username -**	
🔑 **Password -**	

🌐 **Website -**	✏️ **Notes -**
👤 **Username -**	
🔑 **Password -**	

🌐 **Website -**	✏️ **Notes -**
👤 **Username -**	
🔑 **Password -**	

🌐 **Website -**	✏️ **Notes -**
👤 **Username -**	
🔑 **Password -**	

🌐 **Website -**	✏️ **Notes -**
👤 **Username -**	
🔑 **Password -**	

🌐 **Website -**	✏️ **Notes -**
👤 **Username -**	
🔑 **Password -**	

🌐 **Website -**	✏️ **Notes -**
👤 **Username -**	
🔑 **Password -**	

PASSWORD TRACKER

🌐 **Website** - ✏️ **Notes** -

👤 **Username** -

🔑 **Password** -

🌐 **Website** - ✏️ **Notes** -

👤 **Username** -

🔑 **Password** -

🌐 **Website** - ✏️ **Notes** -

👤 **Username** -

🔑 **Password** -

🌐 **Website** - ✏️ **Notes** -

👤 **Username** -

🔑 **Password** -

🌐 **Website** - ✏️ **Notes** -

👤 **Username** -

🔑 **Password** -

🌐 **Website** - ✏️ **Notes** -

👤 **Username** -

🔑 **Password** -

🌐 **Website** - ✏️ **Notes** -

👤 **Username** -

🔑 **Password** -

🌐 **Website** - ✏️ **Notes** -

👤 **Username** -

🔑 **Password** -

PASSWORD TRACKER

🌐 **Website -**	✏️ **Notes -**
👤 **Username -**	
🔑 **Password -**	

🌐 **Website -**	✏️ **Notes -**
👤 **Username -**	
🔑 **Password -**	

🌐 **Website -**	✏️ **Notes -**
👤 **Username -**	
🔑 **Password -**	

🌐 **Website -**	✏️ **Notes -**
👤 **Username -**	
🔑 **Password -**	

🌐 **Website -**	✏️ **Notes -**
👤 **Username -**	
🔑 **Password -**	

🌐 **Website -**	✏️ **Notes -**
👤 **Username -**	
🔑 **Password -**	

🌐 **Website -**	✏️ **Notes -**
👤 **Username -**	
🔑 **Password -**	

🌐 **Website -**	✏️ **Notes -**
👤 **Username -**	
🔑 **Password -**	

PASSWORD TRACKER

🌐 **Website -**

👤 **Username -**

🔑 **Password -**

✏️ **Notes -**

🌐 **Website -**

👤 **Username -**

🔑 **Password -**

✏️ **Notes -**

🌐 **Website -**

👤 **Username -**

🔑 **Password -**

✏️ **Notes -**

🌐 **Website -**

👤 **Username -**

🔑 **Password -**

✏️ **Notes -**

🌐 **Website -**

👤 **Username -**

🔑 **Password -**

✏️ **Notes -**

🌐 **Website -**

👤 **Username -**

🔑 **Password -**

✏️ **Notes -**

🌐 **Website -**

👤 **Username -**

🔑 **Password -**

✏️ **Notes -**

🌐 **Website -**

👤 **Username -**

🔑 **Password -**

✏️ **Notes -**

PASSWORD TRACKER 

🌐 **Website -**　　　　　　　　　　✏️ **Notes -**

👤 **Username -**

🔑 **Password -**

🌐 **Website -**　　　　　　　　　　✏️ **Notes -**

👤 **Username -**

🔑 **Password -**

🌐 **Website -**　　　　　　　　　　✏️ **Notes -**

👤 **Username -**

🔑 **Password -**

🌐 **Website -**　　　　　　　　　　✏️ **Notes -**

👤 **Username -**

🔑 **Password -**

🌐 **Website -**　　　　　　　　　　✏️ **Notes -**

👤 **Username -**

🔑 **Password -**

🌐 **Website -**　　　　　　　　　　✏️ **Notes -**

👤 **Username -**

🔑 **Password -**

🌐 **Website -**　　　　　　　　　　✏️ **Notes -**

👤 **Username -**

🔑 **Password -**

🌐 **Website -**　　　　　　　　　　✏️ **Notes -**

👤 **Username -**

🔑 **Password -**

PASSWORD TRACKER

🌐 **Website -**   ✏️ **Notes -**

👤 **Username -**

🔑 **Password -**

🌐 **Website -**   ✏️ **Notes -**

👤 **Username -**

🔑 **Password -**

🌐 **Website -**   ✏️ **Notes -**

👤 **Username -**

🔑 **Password -**

🌐 **Website -**   ✏️ **Notes -**

👤 **Username -**

🔑 **Password -**

🌐 **Website -**   ✏️ **Notes -**

👤 **Username -**

🔑 **Password -**

🌐 **Website -**   ✏️ **Notes -**

👤 **Username -**

🔑 **Password -**

🌐 **Website -**   ✏️ **Notes -**

👤 **Username -**

🔑 **Password -**

🌐 **Website -**   ✏️ **Notes -**

👤 **Username -**

🔑 **Password -**

PASSWORD TRACKER 

<table>
<tr><td>🌐 Website -</td><td>✏️ Notes -</td></tr>
<tr><td>👤 Username -</td><td></td></tr>
<tr><td>🔑 Password -</td><td></td></tr>
</table>

<table>
<tr><td>🌐 Website -</td><td>✏️ Notes -</td></tr>
<tr><td>👤 Username -</td><td></td></tr>
<tr><td>🔑 Password -</td><td></td></tr>
</table>

<table>
<tr><td>🌐 Website -</td><td>✏️ Notes -</td></tr>
<tr><td>👤 Username -</td><td></td></tr>
<tr><td>🔑 Password -</td><td></td></tr>
</table>

<table>
<tr><td>🌐 Website -</td><td>✏️ Notes -</td></tr>
<tr><td>👤 Username -</td><td></td></tr>
<tr><td>🔑 Password -</td><td></td></tr>
</table>

<table>
<tr><td>🌐 Website -</td><td>✏️ Notes -</td></tr>
<tr><td>👤 Username -</td><td></td></tr>
<tr><td>🔑 Password -</td><td></td></tr>
</table>

<table>
<tr><td>🌐 Website -</td><td>✏️ Notes -</td></tr>
<tr><td>👤 Username -</td><td></td></tr>
<tr><td>🔑 Password -</td><td></td></tr>
</table>

<table>
<tr><td>🌐 Website -</td><td>✏️ Notes -</td></tr>
<tr><td>👤 Username -</td><td></td></tr>
<tr><td>🔑 Password -</td><td></td></tr>
</table>

<table>
<tr><td>🌐 Website -</td><td>✏️ Notes -</td></tr>
<tr><td>👤 Username -</td><td></td></tr>
<tr><td>🔑 Password -</td><td></td></tr>
</table>

PASSWORD TRACKER

🌐 **Website -** ✏️ **Notes -**

👤 **Username -**

🔑 **Password -**

🌐 **Website -** ✏️ **Notes -**

👤 **Username -**

🔑 **Password -**

🌐 **Website -** ✏️ **Notes -**

👤 **Username -**

🔑 **Password -**

🌐 **Website -** ✏️ **Notes -**

👤 **Username -**

🔑 **Password -**

🌐 **Website -** ✏️ **Notes -**

👤 **Username -**

🔑 **Password -**

🌐 **Website -** ✏️ **Notes -**

👤 **Username -**

🔑 **Password -**

🌐 **Website -** ✏️ **Notes -**

👤 **Username -**

🔑 **Password -**

🌐 **Website -** ✏️ **Notes -**

👤 **Username -**

🔑 **Password -**

PASSWORD TRACKER

🌐 **Website -**	✏️ **Notes -**
👤 **Username -**	
🔑 **Password -**	

🌐 **Website -**	✏️ **Notes -**
👤 **Username -**	
🔑 **Password -**	

🌐 **Website -**	✏️ **Notes -**
👤 **Username -**	
🔑 **Password -**	

🌐 **Website -**	✏️ **Notes -**
👤 **Username -**	
🔑 **Password -**	

🌐 **Website -**	✏️ **Notes -**
👤 **Username -**	
🔑 **Password -**	

🌐 **Website -**	✏️ **Notes -**
👤 **Username -**	
🔑 **Password -**	

🌐 **Website -**	✏️ **Notes -**
👤 **Username -**	
🔑 **Password -**	

🌐 **Website -**	✏️ **Notes -**
👤 **Username -**	
🔑 **Password -**	

PASSWORD TRACKER

🌐 **Website -** ✏️ **Notes -**

👤 **Username -**

🔑 **Password -**

🌐 **Website -** ✏️ **Notes -**

👤 **Username -**

🔑 **Password -**

🌐 **Website -** ✏️ **Notes -**

👤 **Username -**

🔑 **Password -**

🌐 **Website -** ✏️ **Notes -**

👤 **Username -**

🔑 **Password -**

🌐 **Website -** ✏️ **Notes -**

👤 **Username -**

🔑 **Password -**

🌐 **Website -** ✏️ **Notes -**

👤 **Username -**

🔑 **Password -**

🌐 **Website -** ✏️ **Notes -**

👤 **Username -**

🔑 **Password -**

🌐 **Website -** ✏️ **Notes -**

👤 **Username -**

🔑 **Password -**

PASSWORD TRACKER 

🌐 **Website -**   ✏️ **Notes -**
👤 **Username -**
🔑 **Password -**

🌐 **Website -**   ✏️ **Notes -**
👤 **Username -**
🔑 **Password -**

🌐 **Website -**   ✏️ **Notes -**
👤 **Username -**
🔑 **Password -**

🌐 **Website -**   ✏️ **Notes -**
👤 **Username -**
🔑 **Password -**

🌐 **Website -**   ✏️ **Notes -**
👤 **Username -**
🔑 **Password -**

🌐 **Website -**   ✏️ **Notes -**
👤 **Username -**
🔑 **Password -**

🌐 **Website -**   ✏️ **Notes -**
👤 **Username -**
🔑 **Password -**

🌐 **Website -**   ✏️ **Notes -**
👤 **Username -**
🔑 **Password -**

PASSWORD TRACKER 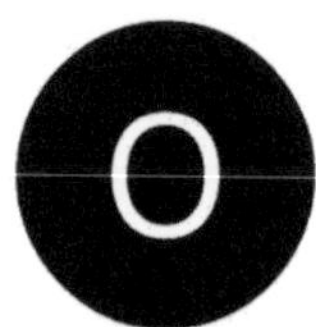

🌐 **Website -**   ✏️ **Notes -**

👤 **Username -**

🔑 **Password -**

🌐 **Website -**   ✏️ **Notes -**

👤 **Username -**

🔑 **Password -**

🌐 **Website -**   ✏️ **Notes -**

👤 **Username -**

🔑 **Password -**

🌐 **Website -**   ✏️ **Notes -**

👤 **Username -**

🔑 **Password -**

🌐 **Website -**   ✏️ **Notes -**

👤 **Username -**

🔑 **Password -**

🌐 **Website -**   ✏️ **Notes -**

👤 **Username -**

🔑 **Password -**

🌐 **Website -**   ✏️ **Notes -**

👤 **Username -**

🔑 **Password -**

🌐 **Website -**   ✏️ **Notes -**

👤 **Username -**

🔑 **Password -**

PASSWORD TRACKER 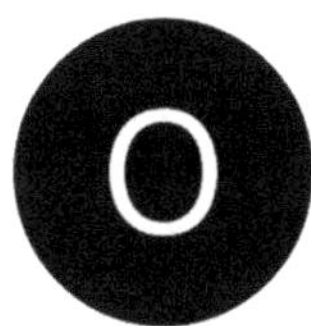

🌐 **Website -**   ✏️ **Notes -**
👤 **Username -**
🔑 **Password -**

🌐 **Website -**   ✏️ **Notes -**
👤 **Username -**
🔑 **Password -**

🌐 **Website -**   ✏️ **Notes -**
👤 **Username -**
🔑 **Password -**

🌐 **Website -**   ✏️ **Notes -**
👤 **Username -**
🔑 **Password -**

🌐 **Website -**   ✏️ **Notes -**
👤 **Username -**
🔑 **Password -**

🌐 **Website -**   ✏️ **Notes -**
👤 **Username -**
🔑 **Password -**

🌐 **Website -**   ✏️ **Notes -**
👤 **Username -**
🔑 **Password -**

🌐 **Website -**   ✏️ **Notes -**
👤 **Username -**
🔑 **Password -**

PASSWORD TRACKER

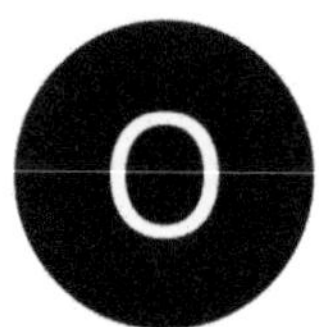

Website -   **Notes -**
Username -
Password -

Website -   **Notes -**
Username -
Password -

Website -   **Notes -**
Username -
Password -

Website -   **Notes -**
Username -
Password -

Website -   **Notes -**
Username -
Password -

Website -   **Notes -**
Username -
Password -

Website -   **Notes -**
Username -
Password -

Website -   **Notes -**
Username -
Password -

PASSWORD TRACKER 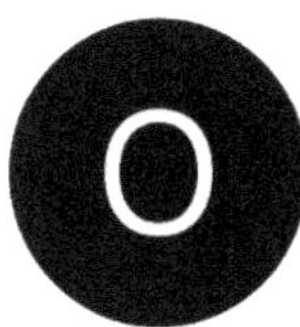

🌐 **Website -**   ✏️ **Notes -**

👤 **Username -**

🔑 **Password -**

🌐 **Website -**   ✏️ **Notes -**

👤 **Username -**

🔑 **Password -**

🌐 **Website -**   ✏️ **Notes -**

👤 **Username -**

🔑 **Password -**

🌐 **Website -**   ✏️ **Notes -**

👤 **Username -**

🔑 **Password -**

🌐 **Website -**   ✏️ **Notes -**

👤 **Username -**

🔑 **Password -**

🌐 **Website -**   ✏️ **Notes -**

👤 **Username -**

🔑 **Password -**

🌐 **Website -**   ✏️ **Notes -**

👤 **Username -**

🔑 **Password -**

🌐 **Website -**   ✏️ **Notes -**

👤 **Username -**

🔑 **Password -**

PASSWORD TRACKER 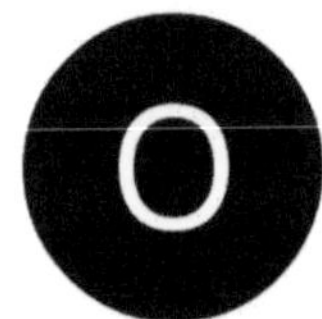

<table>
<tr><td>🌐 Website -</td><td>✏️ Notes -</td></tr>
<tr><td>👤 Username -</td><td></td></tr>
<tr><td>🔑 Password -</td><td></td></tr>
</table>

<table>
<tr><td>🌐 Website -</td><td>✏️ Notes -</td></tr>
<tr><td>👤 Username -</td><td></td></tr>
<tr><td>🔑 Password -</td><td></td></tr>
</table>

<table>
<tr><td>🌐 Website -</td><td>✏️ Notes -</td></tr>
<tr><td>👤 Username -</td><td></td></tr>
<tr><td>🔑 Password -</td><td></td></tr>
</table>

<table>
<tr><td>🌐 Website -</td><td>✏️ Notes -</td></tr>
<tr><td>👤 Username -</td><td></td></tr>
<tr><td>🔑 Password -</td><td></td></tr>
</table>

<table>
<tr><td>🌐 Website -</td><td>✏️ Notes -</td></tr>
<tr><td>👤 Username -</td><td></td></tr>
<tr><td>🔑 Password -</td><td></td></tr>
</table>

<table>
<tr><td>🌐 Website -</td><td>✏️ Notes -</td></tr>
<tr><td>👤 Username -</td><td></td></tr>
<tr><td>🔑 Password -</td><td></td></tr>
</table>

<table>
<tr><td>🌐 Website -</td><td>✏️ Notes -</td></tr>
<tr><td>👤 Username -</td><td></td></tr>
<tr><td>🔑 Password -</td><td></td></tr>
</table>

<table>
<tr><td>🌐 Website -</td><td>✏️ Notes -</td></tr>
<tr><td>👤 Username -</td><td></td></tr>
<tr><td>🔑 Password -</td><td></td></tr>
</table>

PASSWORD TRACKER

🌐 **Website -**   ✏️ **Notes -**

👤 **Username -**

🔑 **Password -**

🌐 **Website -**   ✏️ **Notes -**

👤 **Username -**

🔑 **Password -**

🌐 **Website -**   ✏️ **Notes -**

👤 **Username -**

🔑 **Password -**

🌐 **Website -**   ✏️ **Notes -**

👤 **Username -**

🔑 **Password -**

🌐 **Website -**   ✏️ **Notes -**

👤 **Username -**

🔑 **Password -**

🌐 **Website -**   ✏️ **Notes -**

👤 **Username -**

🔑 **Password -**

🌐 **Website -**   ✏️ **Notes -**

👤 **Username -**

🔑 **Password -**

🌐 **Website -**   ✏️ **Notes -**

👤 **Username -**

🔑 **Password -**

PASSWORD TRACKER

🌐 **Website -**	✏️ **Notes -**
👤 **Username -**	
🔑 **Password -**	

🌐 **Website -**	✏️ **Notes -**
👤 **Username -**	
🔑 **Password -**	

🌐 **Website -**	✏️ **Notes -**
👤 **Username -**	
🔑 **Password -**	

🌐 **Website -**	✏️ **Notes -**
👤 **Username -**	
🔑 **Password -**	

🌐 **Website -**	✏️ **Notes -**
👤 **Username -**	
🔑 **Password -**	

🌐 **Website -**	✏️ **Notes -**
👤 **Username -**	
🔑 **Password -**	

🌐 **Website -**	✏️ **Notes -**
👤 **Username -**	
🔑 **Password -**	

🌐 **Website -**	✏️ **Notes -**
👤 **Username -**	
🔑 **Password -**	

PASSWORD TRACKER

🌐 **Website** -   ✏️ **Notes** -

👤 **Username** -

🔑 **Password** -

🌐 **Website** -   ✏️ **Notes** -

👤 **Username** -

🔑 **Password** -

🌐 **Website** -   ✏️ **Notes** -

👤 **Username** -

🔑 **Password** -

🌐 **Website** -   ✏️ **Notes** -

👤 **Username** -

🔑 **Password** -

🌐 **Website** -   ✏️ **Notes** -

👤 **Username** -

🔑 **Password** -

🌐 **Website** -   ✏️ **Notes** -

👤 **Username** -

🔑 **Password** -

🌐 **Website** -   ✏️ **Notes** -

👤 **Username** -

🔑 **Password** -

🌐 **Website** -   ✏️ **Notes** -

👤 **Username** -

🔑 **Password** -

PASSWORD TRACKER

⊕ **Website -**   ✎ **Notes -**

👤 **Username -**

🔑 **Password -**

⊕ **Website -**   ✎ **Notes -**

👤 **Username -**

🔑 **Password -**

⊕ **Website -**   ✎ **Notes -**

👤 **Username -**

🔑 **Password -**

⊕ **Website -**   ✎ **Notes -**

👤 **Username -**

🔑 **Password -**

⊕ **Website -**   ✎ **Notes -**

👤 **Username -**

🔑 **Password -**

⊕ **Website -**   ✎ **Notes -**

👤 **Username -**

🔑 **Password -**

⊕ **Website -**   ✎ **Notes -**

👤 **Username -**

🔑 **Password -**

⊕ **Website -**   ✎ **Notes -**

👤 **Username -**

🔑 **Password -**

PASSWORD TRACKER

🌐 **Website -**
👤 **Username -**
🔑 **Password -**
✏️ **Notes -**

🌐 **Website -**
👤 **Username -**
🔑 **Password -**
✏️ **Notes -**

🌐 **Website -**
👤 **Username -**
🔑 **Password -**
✏️ **Notes -**

🌐 **Website -**
👤 **Username -**
🔑 **Password -**
✏️ **Notes -**

🌐 **Website -**
👤 **Username -**
🔑 **Password -**
✏️ **Notes -**

🌐 **Website -**
👤 **Username -**
🔑 **Password -**
✏️ **Notes -**

🌐 **Website -**
👤 **Username -**
🔑 **Password -**
✏️ **Notes -**

🌐 **Website -**
👤 **Username -**
🔑 **Password -**
✏️ **Notes -**

PASSWORD TRACKER

⊕ **Website -**   ✏ **Notes -**
👤 **Username -**
🔑 **Password -**

⊕ **Website -**   ✏ **Notes -**
👤 **Username -**
🔑 **Password -**

⊕ **Website -**   ✏ **Notes -**
👤 **Username -**
🔑 **Password -**

⊕ **Website -**   ✏ **Notes -**
👤 **Username -**
🔑 **Password -**

⊕ **Website -**   ✏ **Notes -**
👤 **Username -**
🔑 **Password -**

⊕ **Website -**   ✏ **Notes -**
👤 **Username -**
🔑 **Password -**

⊕ **Website -**   ✏ **Notes -**
👤 **Username -**
🔑 **Password -**

⊕ **Website -**   ✏ **Notes -**
👤 **Username -**
🔑 **Password -**

PASSWORD TRACKER 

🌐 **Website -**	✏️ **Notes -**
👤 **Username -**	
🔑 **Password -**	

🌐 **Website -**	✏️ **Notes -**
👤 **Username -**	
🔑 **Password -**	

🌐 **Website -**	✏️ **Notes -**
👤 **Username -**	
🔑 **Password -**	

🌐 **Website -**	✏️ **Notes -**
👤 **Username -**	
🔑 **Password -**	

🌐 **Website -**	✏️ **Notes -**
👤 **Username -**	
🔑 **Password -**	

🌐 **Website -**	✏️ **Notes -**
👤 **Username -**	
🔑 **Password -**	

🌐 **Website -**	✏️ **Notes -**
👤 **Username -**	
🔑 **Password -**	

🌐 **Website -**	✏️ **Notes -**
👤 **Username -**	
🔑 **Password -**	

PASSWORD TRACKER

🌐 **Website -**　　　　　　　　🖊 **Notes -**

👤 **Username -**

🔑 **Password -**

🌐 **Website -**　　　　　　　　🖊 **Notes -**

👤 **Username -**

🔑 **Password -**

🌐 **Website -**　　　　　　　　🖊 **Notes -**

👤 **Username -**

🔑 **Password -**

🌐 **Website -**　　　　　　　　🖊 **Notes -**

👤 **Username -**

🔑 **Password -**

🌐 **Website -**　　　　　　　　🖊 **Notes -**

👤 **Username -**

🔑 **Password -**

🌐 **Website -**　　　　　　　　🖊 **Notes -**

👤 **Username -**

🔑 **Password -**

🌐 **Website -**　　　　　　　　🖊 **Notes -**

👤 **Username -**

🔑 **Password -**

🌐 **Website -**　　　　　　　　🖊 **Notes -**

👤 **Username -**

🔑 **Password -**

PASSWORD TRACKER

🌐 **Website -** ✏️ **Notes -**

👤 **Username -**

🔑 **Password -**

🌐 **Website -** ✏️ **Notes -**

👤 **Username -**

🔑 **Password -**

🌐 **Website -** ✏️ **Notes -**

👤 **Username -**

🔑 **Password -**

🌐 **Website -** ✏️ **Notes -**

👤 **Username -**

🔑 **Password -**

🌐 **Website -** ✏️ **Notes -**

👤 **Username -**

🔑 **Password -**

🌐 **Website -** ✏️ **Notes -**

👤 **Username -**

🔑 **Password -**

🌐 **Website -** ✏️ **Notes -**

👤 **Username -**

🔑 **Password -**

🌐 **Website -** ✏️ **Notes -**

👤 **Username -**

🔑 **Password -**

PASSWORD TRACKER

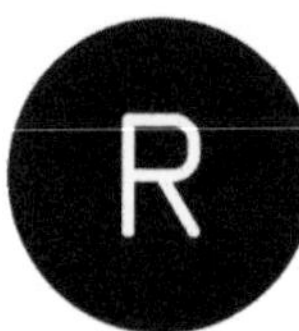

🌐 **Website -**

👤 **Username -**

🔑 **Password -**

✏️ **Notes -**

🌐 **Website -**

👤 **Username -**

🔑 **Password -**

✏️ **Notes -**

🌐 **Website -**

👤 **Username -**

🔑 **Password -**

✏️ **Notes -**

🌐 **Website -**

👤 **Username -**

🔑 **Password -**

✏️ **Notes -**

🌐 **Website -**

👤 **Username -**

🔑 **Password -**

✏️ **Notes -**

🌐 **Website -**

👤 **Username -**

🔑 **Password -**

✏️ **Notes -**

🌐 **Website -**

👤 **Username -**

🔑 **Password -**

✏️ **Notes -**

🌐 **Website -**

👤 **Username -**

🔑 **Password -**

✏️ **Notes -**

PASSWORD TRACKER

🌐 **Website -**

👤 **Username -**

🔑 **Password -**

✏️ **Notes -**

🌐 **Website -**

👤 **Username -**

🔑 **Password -**

✏️ **Notes -**

🌐 **Website -**

👤 **Username -**

🔑 **Password -**

✏️ **Notes -**

🌐 **Website -**

👤 **Username -**

🔑 **Password -**

✏️ **Notes -**

🌐 **Website -**

👤 **Username -**

🔑 **Password -**

✏️ **Notes -**

🌐 **Website -**

👤 **Username -**

🔑 **Password -**

✏️ **Notes -**

🌐 **Website -**

👤 **Username -**

🔑 **Password -**

✏️ **Notes -**

🌐 **Website -**

👤 **Username -**

🔑 **Password -**

✏️ **Notes -**

PASSWORD TRACKER

🌐 **Website -**   ✏️ **Notes -**
👤 **Username -**
🔑 **Password -**

🌐 **Website -**   ✏️ **Notes -**
👤 **Username -**
🔑 **Password -**

🌐 **Website -**   ✏️ **Notes -**
👤 **Username -**
🔑 **Password -**

🌐 **Website -**   ✏️ **Notes -**
👤 **Username -**
🔑 **Password -**

🌐 **Website -**   ✏️ **Notes -**
👤 **Username -**
🔑 **Password -**

🌐 **Website -**   ✏️ **Notes -**
👤 **Username -**
🔑 **Password -**

🌐 **Website -**   ✏️ **Notes -**
👤 **Username -**
🔑 **Password -**

🌐 **Website -**   ✏️ **Notes -**
👤 **Username -**
🔑 **Password -**

PASSWORD TRACKER 

🌐 **Website -**	✏️ **Notes -**
👤 **Username -**	
🔑 **Password -**	

🌐 **Website -**	✏️ **Notes -**
👤 **Username -**	
🔑 **Password -**	

🌐 **Website -**	✏️ **Notes -**
👤 **Username -**	
🔑 **Password -**	

🌐 **Website -**	✏️ **Notes -**
👤 **Username -**	
🔑 **Password -**	

🌐 **Website -**	✏️ **Notes -**
👤 **Username -**	
🔑 **Password -**	

🌐 **Website -**	✏️ **Notes -**
👤 **Username -**	
🔑 **Password -**	

🌐 **Website -**	✏️ **Notes -**
👤 **Username -**	
🔑 **Password -**	

🌐 **Website -**	✏️ **Notes -**
👤 **Username -**	
🔑 **Password -**	

PASSWORD TRACKER **S**

⊕ Website - ✎ Notes -
● Username -
⚷ Password -

⊕ Website - ✎ Notes -
● Username -
⚷ Password -

⊕ Website - ✎ Notes -
● Username -
⚷ Password -

⊕ Website - ✎ Notes -
● Username -
⚷ Password -

⊕ Website - ✎ Notes -
● Username -
⚷ Password -

⊕ Website - ✎ Notes -
● Username -
⚷ Password -

⊕ Website - ✎ Notes -
● Username -
⚷ Password -

⊕ Website - ✎ Notes -
● Username -
⚷ Password -

PASSWORD TRACKER 

🌐 **Website -**
👤 **Username -**
🔑 **Password -**

✏️ **Notes -**

🌐 **Website -**
👤 **Username -**
🔑 **Password -**

✏️ **Notes -**

🌐 **Website -**
👤 **Username -**
🔑 **Password -**

✏️ **Notes -**

🌐 **Website -**
👤 **Username -**
🔑 **Password -**

✏️ **Notes -**

🌐 **Website -**
👤 **Username -**
🔑 **Password -**

✏️ **Notes -**

🌐 **Website -**
👤 **Username -**
🔑 **Password -**

✏️ **Notes -**

🌐 **Website -**
👤 **Username -**
🔑 **Password -**

✏️ **Notes -**

🌐 **Website -**
👤 **Username -**
🔑 **Password -**

✏️ **Notes -**

PASSWORD TRACKER **S**

🌐 **Website -**

👤 **Username -**

🔑 **Password -**

✏️ **Notes -**

🌐 **Website -**

👤 **Username -**

🔑 **Password -**

✏️ **Notes -**

🌐 **Website -**

👤 **Username -**

🔑 **Password -**

✏️ **Notes -**

🌐 **Website -**

👤 **Username -**

🔑 **Password -**

✏️ **Notes -**

🌐 **Website -**

👤 **Username -**

🔑 **Password -**

✏️ **Notes -**

🌐 **Website -**

👤 **Username -**

🔑 **Password -**

✏️ **Notes -**

🌐 **Website -**

👤 **Username -**

🔑 **Password -**

✏️ **Notes -**

🌐 **Website -**

👤 **Username -**

🔑 **Password -**

✏️ **Notes -**

PASSWORD TRACKER

⊕ **Website -**   ✎ **Notes -**
👤 **Username -**
🔑 **Password -**

⊕ **Website -**   ✎ **Notes -**
👤 **Username -**
🔑 **Password -**

⊕ **Website -**   ✎ **Notes -**
👤 **Username -**
🔑 **Password -**

⊕ **Website -**   ✎ **Notes -**
👤 **Username -**
🔑 **Password -**

⊕ **Website -**   ✎ **Notes -**
👤 **Username -**
🔑 **Password -**

⊕ **Website -**   ✎ **Notes -**
👤 **Username -**
🔑 **Password -**

⊕ **Website -**   ✎ **Notes -**
👤 **Username -**
🔑 **Password -**

⊕ **Website -**   ✎ **Notes -**
👤 **Username -**
🔑 **Password -**

PASSWORD TRACKER

🌐 **Website** -　　　　　　　　✏️ **Notes** -

👤 **Username** -

🔑 **Password** -

🌐 **Website** -　　　　　　　　✏️ **Notes** -

👤 **Username** -

🔑 **Password** -

🌐 **Website** -　　　　　　　　✏️ **Notes** -

👤 **Username** -

🔑 **Password** -

🌐 **Website** -　　　　　　　　✏️ **Notes** -

👤 **Username** -

🔑 **Password** -

🌐 **Website** -　　　　　　　　✏️ **Notes** -

👤 **Username** -

🔑 **Password** -

🌐 **Website** -　　　　　　　　✏️ **Notes** -

👤 **Username** -

🔑 **Password** -

🌐 **Website** -　　　　　　　　✏️ **Notes** -

👤 **Username** -

🔑 **Password** -

🌐 **Website** -　　　　　　　　✏️ **Notes** -

👤 **Username** -

🔑 **Password** -

PASSWORD TRACKER

🌐 **Website -** ✏️ **Notes -**
👤 **Username -**
🔑 **Password -**

🌐 **Website -** ✏️ **Notes -**
👤 **Username -**
🔑 **Password -**

🌐 **Website -** ✏️ **Notes -**
👤 **Username -**
🔑 **Password -**

🌐 **Website -** ✏️ **Notes -**
👤 **Username -**
🔑 **Password -**

🌐 **Website -** ✏️ **Notes -**
👤 **Username -**
🔑 **Password -**

🌐 **Website -** ✏️ **Notes -**
👤 **Username -**
🔑 **Password -**

🌐 **Website -** ✏️ **Notes -**
👤 **Username -**
🔑 **Password -**

🌐 **Website -** ✏️ **Notes -**
👤 **Username -**
🔑 **Password -**

PASSWORD TRACKER

🌐 **Website -**　　　　✏️ **Notes -**

👤 **Username -**

🔑 **Password -**

🌐 **Website -**　　　　✏️ **Notes -**

👤 **Username -**

🔑 **Password -**

🌐 **Website -**　　　　✏️ **Notes -**

👤 **Username -**

🔑 **Password -**

🌐 **Website -**　　　　✏️ **Notes -**

👤 **Username -**

🔑 **Password -**

🌐 **Website -**　　　　✏️ **Notes -**

👤 **Username -**

🔑 **Password -**

🌐 **Website -**　　　　✏️ **Notes -**

👤 **Username -**

🔑 **Password -**

🌐 **Website -**　　　　✏️ **Notes -**

👤 **Username -**

🔑 **Password -**

🌐 **Website -**　　　　✏️ **Notes -**

👤 **Username -**

🔑 **Password -**

PASSWORD TRACKER

🌐 **Website -** ✏️ **Notes -**
👤 **Username -**
🔑 **Password -**

🌐 **Website -** ✏️ **Notes -**
👤 **Username -**
🔑 **Password -**

🌐 **Website -** ✏️ **Notes -**
👤 **Username -**
🔑 **Password -**

🌐 **Website -** ✏️ **Notes -**
👤 **Username -**
🔑 **Password -**

🌐 **Website -** ✏️ **Notes -**
👤 **Username -**
🔑 **Password -**

🌐 **Website -** ✏️ **Notes -**
👤 **Username -**
🔑 **Password -**

🌐 **Website -** ✏️ **Notes -**
👤 **Username -**
🔑 **Password -**

🌐 **Website -** ✏️ **Notes -**
👤 **Username -**
🔑 **Password -**

PASSWORD TRACKER

🌐 **Website -**	✏️ **Notes -**
👤 **Username -**	
🔑 **Password -**	

🌐 **Website -**	✏️ **Notes -**
👤 **Username -**	
🔑 **Password -**	

🌐 **Website -**	✏️ **Notes -**
👤 **Username -**	
🔑 **Password -**	

🌐 **Website -**	✏️ **Notes -**
👤 **Username -**	
🔑 **Password -**	

🌐 **Website -**	✏️ **Notes -**
👤 **Username -**	
🔑 **Password -**	

🌐 **Website -**	✏️ **Notes -**
👤 **Username -**	
🔑 **Password -**	

🌐 **Website -**	✏️ **Notes -**
👤 **Username -**	
🔑 **Password -**	

🌐 **Website -**	✏️ **Notes -**
👤 **Username -**	
🔑 **Password -**	

PASSWORD TRACKER

🌐 **Website -** ✏️ **Notes -**
👤 **Username -**
🔑 **Password -**

🌐 **Website -** ✏️ **Notes -**
👤 **Username -**
🔑 **Password -**

🌐 **Website -** ✏️ **Notes -**
👤 **Username -**
🔑 **Password -**

🌐 **Website -** ✏️ **Notes -**
👤 **Username -**
🔑 **Password -**

🌐 **Website -** ✏️ **Notes -**
👤 **Username -**
🔑 **Password -**

🌐 **Website -** ✏️ **Notes -**
👤 **Username -**
🔑 **Password -**

🌐 **Website -** ✏️ **Notes -**
👤 **Username -**
🔑 **Password -**

🌐 **Website -** ✏️ **Notes -**
👤 **Username -**
🔑 **Password -**

PASSWORD TRACKER

🌐 **Website -** ✏️ **Notes -**

👤 **Username -**

🔑 **Password -**

🌐 **Website -** ✏️ **Notes -**

👤 **Username -**

🔑 **Password -**

🌐 **Website -** ✏️ **Notes -**

👤 **Username -**

🔑 **Password -**

🌐 **Website -** ✏️ **Notes -**

👤 **Username -**

🔑 **Password -**

🌐 **Website -** ✏️ **Notes -**

👤 **Username -**

🔑 **Password -**

🌐 **Website -** ✏️ **Notes -**

👤 **Username -**

🔑 **Password -**

🌐 **Website -** ✏️ **Notes -**

👤 **Username -**

🔑 **Password -**

🌐 **Website -** ✏️ **Notes -**

👤 **Username -**

🔑 **Password -**

PASSWORD TRACKER

Website -   Notes -

Username -

Password -

Website -   Notes -

Username -

Password -

Website -   Notes -

Username -

Password -

Website -   Notes -

Username -

Password -

Website -   Notes -

Username -

Password -

Website -   Notes -

Username -

Password -

Website -   Notes -

Username -

Password -

Website -   Notes -

Username -

Password -

PASSWORD TRACKER

🌐 **Website -**	✏️ **Notes -**
👤 **Username -**	
🔑 **Password -**	

🌐 **Website -**	✏️ **Notes -**
👤 **Username -**	
🔑 **Password -**	

🌐 **Website -**	✏️ **Notes -**
👤 **Username -**	
🔑 **Password -**	

🌐 **Website -**	✏️ **Notes -**
👤 **Username -**	
🔑 **Password -**	

🌐 **Website -**	✏️ **Notes -**
👤 **Username -**	
🔑 **Password -**	

🌐 **Website -**	✏️ **Notes -**
👤 **Username -**	
🔑 **Password -**	

🌐 **Website -**	✏️ **Notes -**
👤 **Username -**	
🔑 **Password -**	

🌐 **Website -**	✏️ **Notes -**
👤 **Username -**	
🔑 **Password -**	

PASSWORD TRACKER

🌐 **Website -**
👤 **Username -**
🔑 **Password -**
✏️ **Notes -**

🌐 **Website -**
👤 **Username -**
🔑 **Password -**
✏️ **Notes -**

🌐 **Website -**
👤 **Username -**
🔑 **Password -**
✏️ **Notes -**

🌐 **Website -**
👤 **Username -**
🔑 **Password -**
✏️ **Notes -**

🌐 **Website -**
👤 **Username -**
🔑 **Password -**
✏️ **Notes -**

🌐 **Website -**
👤 **Username -**
🔑 **Password -**
✏️ **Notes -**

🌐 **Website -**
👤 **Username -**
🔑 **Password -**
✏️ **Notes -**

🌐 **Website -**
👤 **Username -**
🔑 **Password -**
✏️ **Notes -**

PASSWORD TRACKER

Website -   Notes -

Username -

Password -

Website -   Notes -

Username -

Password -

Website -   Notes -

Username -

Password -

Website -   Notes -

Username -

Password -

Website -   Notes -

Username -

Password -

Website -   Notes -

Username -

Password -

Website -   Notes -

Username -

Password -

Website -   Notes -

Username -

Password -

PASSWORD TRACKER

Website -   Notes -
Username -
Password -

Website -   Notes -
Username -
Password -

Website -   Notes -
Username -
Password -

Website -   Notes -
Username -
Password -

Website -   Notes -
Username -
Password -

Website -   Notes -
Username -
Password -

Website -   Notes -
Username -
Password -

Website -   Notes -
Username -
Password -

PASSWORD TRACKER

🌐 **Website -**

✏️ **Notes -**

👤 **Username -**

🔑 **Password -**

🌐 **Website -**

✏️ **Notes -**

👤 **Username -**

🔑 **Password -**

🌐 **Website -**

✏️ **Notes -**

👤 **Username -**

🔑 **Password -**

🌐 **Website -**

✏️ **Notes -**

👤 **Username -**

🔑 **Password -**

🌐 **Website -**

✏️ **Notes -**

👤 **Username -**

🔑 **Password -**

🌐 **Website -**

✏️ **Notes -**

👤 **Username -**

🔑 **Password -**

🌐 **Website -**

✏️ **Notes -**

👤 **Username -**

🔑 **Password -**

🌐 **Website -**

✏️ **Notes -**

👤 **Username -**

🔑 **Password -**

PASSWORD TRACKER

🌐 **Website -**   ✏️ **Notes -**

👤 **Username -**

🔑 **Password -**

🌐 **Website -**   ✏️ **Notes -**

👤 **Username -**

🔑 **Password -**

🌐 **Website -**   ✏️ **Notes -**

👤 **Username -**

🔑 **Password -**

🌐 **Website -**   ✏️ **Notes -**

👤 **Username -**

🔑 **Password -**

🌐 **Website -**   ✏️ **Notes -**

👤 **Username -**

🔑 **Password -**

🌐 **Website -**   ✏️ **Notes -**

👤 **Username -**

🔑 **Password -**

🌐 **Website -**   ✏️ **Notes -**

👤 **Username -**

🔑 **Password -**

🌐 **Website -**   ✏️ **Notes -**

👤 **Username -**

🔑 **Password -**

PASSWORD TRACKER

🌐 **Website -**

✏ **Notes -**

👤 **Username -**

🔑 **Password -**

🌐 **Website -**

✏ **Notes -**

👤 **Username -**

🔑 **Password -**

🌐 **Website -**

✏ **Notes -**

👤 **Username -**

🔑 **Password -**

🌐 **Website -**

✏ **Notes -**

👤 **Username -**

🔑 **Password -**

🌐 **Website -**

✏ **Notes -**

👤 **Username -**

🔑 **Password -**

🌐 **Website -**

✏ **Notes -**

👤 **Username -**

🔑 **Password -**

🌐 **Website -**

✏ **Notes -**

👤 **Username -**

🔑 **Password -**

🌐 **Website -**

✏ **Notes -**

👤 **Username -**

🔑 **Password -**

PASSWORD TRACKER

🌐 **Website -** ✏️ **Notes -**
👤 **Username -**
🔑 **Password -**

🌐 **Website -** ✏️ **Notes -**
👤 **Username -**
🔑 **Password -**

🌐 **Website -** ✏️ **Notes -**
👤 **Username -**
🔑 **Password -**

🌐 **Website -** ✏️ **Notes -**
👤 **Username -**
🔑 **Password -**

🌐 **Website -** ✏️ **Notes -**
👤 **Username -**
🔑 **Password -**

🌐 **Website -** ✏️ **Notes -**
👤 **Username -**
🔑 **Password -**

🌐 **Website -** ✏️ **Notes -**
👤 **Username -**
🔑 **Password -**

🌐 **Website -** ✏️ **Notes -**
👤 **Username -**
🔑 **Password -**

PASSWORD TRACKER

🌐 **Website -**	✏️ **Notes -**
👤 **Username -**	
🔑 **Password -**	

🌐 **Website -**	✏️ **Notes -**
👤 **Username -**	
🔑 **Password -**	

🌐 **Website -**	✏️ **Notes -**
👤 **Username -**	
🔑 **Password -**	

🌐 **Website -**	✏️ **Notes -**
👤 **Username -**	
🔑 **Password -**	

🌐 **Website -**	✏️ **Notes -**
👤 **Username -**	
🔑 **Password -**	

🌐 **Website -**	✏️ **Notes -**
👤 **Username -**	
🔑 **Password -**	

🌐 **Website -**	✏️ **Notes -**
👤 **Username -**	
🔑 **Password -**	

🌐 **Website -**	✏️ **Notes -**
👤 **Username -**	
🔑 **Password -**	

PASSWORD TRACKER

<table>
<tr><td>🌐 Website -</td><td>✏️ Notes -</td></tr>
<tr><td>👤 Username -</td><td></td></tr>
<tr><td>🔑 Password -</td><td></td></tr>
</table>

<table>
<tr><td>🌐 Website -</td><td>✏️ Notes -</td></tr>
<tr><td>👤 Username -</td><td></td></tr>
<tr><td>🔑 Password -</td><td></td></tr>
</table>

<table>
<tr><td>🌐 Website -</td><td>✏️ Notes -</td></tr>
<tr><td>👤 Username -</td><td></td></tr>
<tr><td>🔑 Password -</td><td></td></tr>
</table>

<table>
<tr><td>🌐 Website -</td><td>✏️ Notes -</td></tr>
<tr><td>👤 Username -</td><td></td></tr>
<tr><td>🔑 Password -</td><td></td></tr>
</table>

<table>
<tr><td>🌐 Website -</td><td>✏️ Notes -</td></tr>
<tr><td>👤 Username -</td><td></td></tr>
<tr><td>🔑 Password -</td><td></td></tr>
</table>

<table>
<tr><td>🌐 Website -</td><td>✏️ Notes -</td></tr>
<tr><td>👤 Username -</td><td></td></tr>
<tr><td>🔑 Password -</td><td></td></tr>
</table>

<table>
<tr><td>🌐 Website -</td><td>✏️ Notes -</td></tr>
<tr><td>👤 Username -</td><td></td></tr>
<tr><td>🔑 Password -</td><td></td></tr>
</table>

<table>
<tr><td>🌐 Website -</td><td>✏️ Notes -</td></tr>
<tr><td>👤 Username -</td><td></td></tr>
<tr><td>🔑 Password -</td><td></td></tr>
</table>

PASSWORD TRACKER 

🌐 **Website -**
👤 **Username -**
🔑 **Password -**

✏️ **Notes -**

🌐 **Website -**
👤 **Username -**
🔑 **Password -**

✏️ **Notes -**

🌐 **Website -**
👤 **Username -**
🔑 **Password -**

✏️ **Notes -**

🌐 **Website -**
👤 **Username -**
🔑 **Password -**

✏️ **Notes -**

🌐 **Website -**
👤 **Username -**
🔑 **Password -**

✏️ **Notes -**

🌐 **Website -**
👤 **Username -**
🔑 **Password -**

✏️ **Notes -**

🌐 **Website -**
👤 **Username -**
🔑 **Password -**

✏️ **Notes -**

🌐 **Website -**
👤 **Username -**
🔑 **Password -**

✏️ **Notes -**

PASSWORD TRACKER

<table>
<tr><td>🌐 Website -</td><td>🖊 Notes -</td></tr>
<tr><td>👤 Username -</td><td></td></tr>
<tr><td>🔑 Password -</td><td></td></tr>
</table>

<table>
<tr><td>🌐 Website -</td><td>🖊 Notes -</td></tr>
<tr><td>👤 Username -</td><td></td></tr>
<tr><td>🔑 Password -</td><td></td></tr>
</table>

<table>
<tr><td>🌐 Website -</td><td>🖊 Notes -</td></tr>
<tr><td>👤 Username -</td><td></td></tr>
<tr><td>🔑 Password -</td><td></td></tr>
</table>

<table>
<tr><td>🌐 Website -</td><td>🖊 Notes -</td></tr>
<tr><td>👤 Username -</td><td></td></tr>
<tr><td>🔑 Password -</td><td></td></tr>
</table>

<table>
<tr><td>🌐 Website -</td><td>🖊 Notes -</td></tr>
<tr><td>👤 Username -</td><td></td></tr>
<tr><td>🔑 Password -</td><td></td></tr>
</table>

<table>
<tr><td>🌐 Website -</td><td>🖊 Notes -</td></tr>
<tr><td>👤 Username -</td><td></td></tr>
<tr><td>🔑 Password -</td><td></td></tr>
</table>

<table>
<tr><td>🌐 Website -</td><td>🖊 Notes -</td></tr>
<tr><td>👤 Username -</td><td></td></tr>
<tr><td>🔑 Password -</td><td></td></tr>
</table>

<table>
<tr><td>🌐 Website -</td><td>🖊 Notes -</td></tr>
<tr><td>👤 Username -</td><td></td></tr>
<tr><td>🔑 Password -</td><td></td></tr>
</table>

PASSWORD TRACKER

🌐 **Website -**

👤 **Username -**

🔑 **Password -**

✏️ **Notes -**

🌐 **Website -**

👤 **Username -**

🔑 **Password -**

✏️ **Notes -**

🌐 **Website -**

👤 **Username -**

🔑 **Password -**

✏️ **Notes -**

🌐 **Website -**

👤 **Username -**

🔑 **Password -**

✏️ **Notes -**

🌐 **Website -**

👤 **Username -**

🔑 **Password -**

✏️ **Notes -**

🌐 **Website -**

👤 **Username -**

🔑 **Password -**

✏️ **Notes -**

🌐 **Website -**

👤 **Username -**

🔑 **Password -**

✏️ **Notes -**

🌐 **Website -**

👤 **Username -**

🔑 **Password -**

✏️ **Notes -**

PASSWORD TRACKER

Website -   Notes -
Username -
Password -

Website -   Notes -
Username -
Password -

Website -   Notes -
Username -
Password -

Website -   Notes -
Username -
Password -

Website -   Notes -
Username -
Password -

Website -   Notes -
Username -
Password -

Website -   Notes -
Username -
Password -

Website -   Notes -
Username -
Password -

PASSWORD TRACKER

🌐 **Website -** ✏️ **Notes -**

👤 **Username -**

🔑 **Password -**

🌐 **Website -** ✏️ **Notes -**

👤 **Username -**

🔑 **Password -**

🌐 **Website -** ✏️ **Notes -**

👤 **Username -**

🔑 **Password -**

🌐 **Website -** ✏️ **Notes -**

👤 **Username -**

🔑 **Password -**

🌐 **Website -** ✏️ **Notes -**

👤 **Username -**

🔑 **Password -**

🌐 **Website -** ✏️ **Notes -**

👤 **Username -**

🔑 **Password -**

🌐 **Website -** ✏️ **Notes -**

👤 **Username -**

🔑 **Password -**

🌐 **Website -** ✏️ **Notes -**

👤 **Username -**

🔑 **Password -**

PASSWORD TRACKER Z

🌐 **Website -** ✏️ **Notes -**
👤 **Username -**
🔑 **Password -**

🌐 **Website -** ✏️ **Notes -**
👤 **Username -**
🔑 **Password -**

🌐 **Website -** ✏️ **Notes -**
👤 **Username -**
🔑 **Password -**

🌐 **Website -** ✏️ **Notes -**
👤 **Username -**
🔑 **Password -**

🌐 **Website -** ✏️ **Notes -**
👤 **Username -**
🔑 **Password -**

🌐 **Website -** ✏️ **Notes -**
👤 **Username -**
🔑 **Password -**

🌐 **Website -** ✏️ **Notes -**
👤 **Username -**
🔑 **Password -**

🌐 **Website -** ✏️ **Notes -**
👤 **Username -**
🔑 **Password -**

PASSWORD TRACKER

🌐 **Website -**

👤 **Username -**

🔑 **Password -**

✏️ **Notes -**

🌐 **Website -**

👤 **Username -**

🔑 **Password -**

✏️ **Notes -**

🌐 **Website -**

👤 **Username -**

🔑 **Password -**

✏️ **Notes -**

🌐 **Website -**

👤 **Username -**

🔑 **Password -**

✏️ **Notes -**

🌐 **Website -**

👤 **Username -**

🔑 **Password -**

✏️ **Notes -**

🌐 **Website -**

👤 **Username -**

🔑 **Password -**

✏️ **Notes -**

🌐 **Website -**

👤 **Username -**

🔑 **Password -**

✏️ **Notes -**

🌐 **Website -**

👤 **Username -**

🔑 **Password -**

✏️ **Notes -**

PASSWORD TRACKER

⊕ **Website -**   ✎ **Notes -**
👤 **Username -**
🔑 **Password -**

⊕ **Website -**   ✎ **Notes -**
👤 **Username -**
🔑 **Password -**

⊕ **Website -**   ✎ **Notes -**
👤 **Username -**
🔑 **Password -**

⊕ **Website -**   ✎ **Notes -**
👤 **Username -**
🔑 **Password -**

⊕ **Website -**   ✎ **Notes -**
👤 **Username -**
🔑 **Password -**

⊕ **Website -**   ✎ **Notes -**
👤 **Username -**
🔑 **Password -**

⊕ **Website -**   ✎ **Notes -**
👤 **Username -**
🔑 **Password -**

⊕ **Website -**   ✎ **Notes -**
👤 **Username -**
🔑 **Password -**

PASSWORD TRACKER

Z

🌐 **Website -**

👤 **Username -**

🔑 **Password -**

✏️ **Notes -**

🌐 **Website -**

👤 **Username -**

🔑 **Password -**

✏️ **Notes -**

🌐 **Website -**

👤 **Username -**

🔑 **Password -**

✏️ **Notes -**

🌐 **Website -**

👤 **Username -**

🔑 **Password -**

✏️ **Notes -**

🌐 **Website -**

👤 **Username -**

🔑 **Password -**

✏️ **Notes -**

🌐 **Website -**

👤 **Username -**

🔑 **Password -**

✏️ **Notes -**

🌐 **Website -**

👤 **Username -**

🔑 **Password -**

✏️ **Notes -**

🌐 **Website -**

👤 **Username -**

🔑 **Password -**

✏️ **Notes -**

www.ingramcontent.com/pod-product-compliance
Lightning Source LLC
Chambersburg PA
CBHW041832110726
48006CB00020B/2602